개 역 개 정 · 신 약 성 경 쓰 기

8

갈라디아서

에베소서 | 빌립보서 | 골로새서
데살로니가전서 | 데살로니가후서

항상 기뻐하라
쉬지 말고 기도하라
범사에 감사하라
이것이 그리스도 예수 안에서
너희를 향하신 하나님의 뜻이니라
_살전 5:16~18_

레마북스
Rhema books

"우리는 성경을 읽지만 세상은 우리를 읽는다."

성경은 세상 모든 책을 담을 수 있는 가장 큰 그릇입니다.
성경 필사는 단순히 글을 옮겨 쓰는 작업이 아니라 눈으로 활자를 읽고 손으로 쓰면서 머리로 헤아리는 일. 눈, 손, 머리를 동시에 동원하는 작업으로 오래전부터 필사는 효과가 입증된 글쓰기 훈련법입니다. 저명한 사람들은 필사의 경험이 없는 사람은 없습니다.

손과 종이 위에 연필 끝이 만나는 순간 미묘한 시간차가 발생합니다. 필사가 제공하는 틈 그 순간에 우리는 가만히 있지 않습니다. 단어와 문장을 거슬러 올라가고 맥락을 헤아리고 성경 내용을 되새김질 합니다. 필사 과정에서 눈으로 읽을 때 미처 보지 못한 내용을 발견하고 또 깨달을 수도 있습니다.

성경 필사는 하나님 말씀이 생명력 있게 살아나게 하는 작업입니다.
하나님 말씀이 우리들 마음속에 가득할 때 마음의 소원, 기도의 제목을 하나님이 들으시고 이루어 주실 것입니다.

성경의 진리들을 오직 성경으로, 오직 성령의 조명으로 해석하고 교리를 세우고 그 교리를 삶의 기준과 원칙으로 삼고 모든 삶의 영역에 적용하고자 한 청교도처럼 예수를 가장 잘 믿는 사람들, 가장 순수한 신앙으로 산 사람들 "크리스천" 되기를 소망합니다.

엮은이 **김영기**

레마북스 성경쓰기 시리즈 특징

✚ **볼펜, 만년필로 성경쓰기 편한 고급 재질의 종이 사용**

[레마북스 신약성경쓰기 시리즈 (8)갈라디아서]는 유성볼펜이나 만년필 사용에 적합하도록 도톰하고 고급스런 광택이 나는 재질의 종이를 사용하였습니다.

✚ **성경쓰기 편하도록 페이지가 완전히 펼쳐지는 180도 고급 제본 사용**

[레마북스 신약성경쓰기 시리즈 (8)갈라디아서]는 책을 펼친 중간 부분이 걸리지 않도록 페이지가 완전히 펼쳐지는 180도 고급 제본을 사용하였습니다.

✚ **10여년의 경험을 바탕으로 읽고 쓰기 편안한 글씨체 사용**

[레마북스 신약성경쓰기 시리즈 (8)갈라디아서]는 통독을 겸한 필사가 가능하도록 읽고 쓰면서 스트레스 받지 않는 글씨체를 10여년의 실패와 경험을 바탕으로 선정하여 사용하였습니다.

✚ **따라쓸 수 있는 한자(漢字) 병기(併記)로 말씀 묵상의 극대화**

[레마북스 신약성경쓰기 시리즈 (8)갈라디아서]는 긍정적이고 따라쓰기 쉬운 한자를 병기하여 깊은 묵상을 극대화하였습니다.

구약성경 통독표

순번	성경목록	장	절	평균통독시간/분	순번	성경목록	장	절	평균통독시간/분
1	창세기	50	1,533	203	21	전도서	12	222	31
2	출애굽기	40	1,213	162	22	아가	8	117	16
3	레위기	27	859	115	23	이사야	66	1,292	206
4	민수기	36	1,287	165	24	예레미야	52	1,364	300
5	신명기	34	959	147	25	예레미야애가	5	154	20
6	여호수아	24	658	99	26	에스겔	48	1,273	201
7	사사기	21	618	103	27	다니엘	12	357	62
8	룻기	4	85	14	28	호세아	14	197	30
9	사무엘상	31	810	136	29	요엘	3	73	11
10	사무엘하	24	695	113	30	아모스	9	146	23
11	열왕기상	22	816	128	31	오바댜	1	21	4
12	열왕기하	25	719	121	32	요나	4	48	7
13	역대상	29	942	119	33	미가	7	105	17
14	역대하	36	822	138	34	나훔	3	47	8
15	에스라	10	280	42	35	하박국	3	56	9
16	느헤미야	13	406	61	36	스바냐	3	53	9
17	에스더	10	167	29	37	학개	2	38	6
18	욥기	42	1,070	115	38	스가랴	14	211	33
19	시편	150	2,461	275	39	말라기	4	55	11
20	잠언	31	915	92		합 계	929	23,144	3,381

신약성경 통독표

순번	성경목록	장	절	평균통독시간/분	순번	성경목록	장	절	평균통독시간/분
1	마태복음	28	1,071	130	15	디모데전서	6	113	14
2	마가복음	16	678	81	16	디모데후서	4	83	11
3	누가복음	24	1,151	138	17	디도서	3	46	6
4	요한복음	21	879	110	18	빌레몬서	1	25	2
5	사도행전	28	1,007	127	19	히브리서	13	303	41
6	로마서	16	433	58	20	야고보서	5	108	14
7	고린도전서	16	437	57	21	베드로전서	5	105	15
8	고린도후서	13	256	37	22	베드로후서	3	61	9
9	갈라디아서	6	149	19	23	요한1서	5	105	15
10	에베소서	6	155	18	24	요한2서	1	13	2
11	빌립보서	4	104	14	25	요한3서	1	15	2
12	골로새서	4	95	12	26	유다서	1	25	4
13	데살로니가전서	5	89	12	27	요한계시록	22	404	61
14	데살로니가후서	3	47	6		합 계	260	7,957	1,015

구약성경	39권	23,144절	1,006,953문자	352,319단어	평균통독시간	56시간
신약성경	27권	7,957절	315,579문자	110,237단어	평균통독시간	17시간

개역개정·신약성경쓰기

8

갈라디아서

이제 내가
사람들에게 좋게 하랴
하나님께 좋게 하랴
사람들에게 기쁨을 구하랴
내가 지금까지
사람들의 기쁨을 구하였다면
그리스도의 종이 아니니라
_갈 1:10_

레마북스
Rhema

인사

1

¹사람들에게서 난 것도 아니요
사람으로 말미암은 것도 아니요

오직 예수 그리스도와 그를 죽은 자 가운데서 살리신
하나님 아버지로 말미암아 사도 된 바울은

²함께 있는 모든 형제와 더불어 갈라디아 여러 교회들에게

³우리 하나님 아버지와 주 예수 그리스도로부터
은혜와 평강(平康)이 있기를 원하노라

⁴그리스도께서 하나님 곧 우리 아버지의 뜻을 따라
이 악한 세대에서 우리를 건지시려고
우리 죄를 대속하기 위하여 자기 몸을 주셨으니

⁵영광이 그에게 세세토록 있을지어다 아멘

다른 복음은 없다

⁶그리스도의 은혜로 너희를 부르신 이를
이같이 속히 떠나 다른 복음을 따르는 것을
내가 이상하게 여기노라

_____

_____

⁷다른 복음은 없나니 다만 어떤 사람들이 너희를 교란하여
그리스도의 복음을 변하게 하려 함이라

_____

⁸그러나 우리나 혹은 하늘로부터 온 천사라도
우리가 너희에게 전한 복음 외에 다른 복음을 전하면
저주를 받을지어다

_____

_____

⁹우리가 전에 말하였거니와 내가 지금 다시 말하노니
만일 누구든지 너희가 받은 것 외에 다른 복음을 전하면
저주를 받을지어다

_____

_____

¹⁰이제 내가 사람들에게 좋게 하랴
하나님께 좋게 하랴 사람들에게 기쁨을 구하랴

내가 지금까지 사람들의 기쁨을 구하였다면
그리스도의 종이 아니니라

바울이 사도가 된 내력

¹¹형제들아 내가 너희에게 알게 하노니
내가 전한 복음은 사람의 뜻을 따라 된 것이 아니니라

¹²이는 내가 사람에게서 받은 것도 아니요 배운 것도 아니요
오직 예수 그리스도의 계시로 말미암은 것이라

¹³내가 이전에 유대교에 있을 때에 행한 일을
너희가 들었거니와 하나님의 교회를 심히 박해하여 멸하고

¹⁴내가 내 동족 중 여러 연갑자보다 유대교를 지나치게 믿어

내 조상의 전통에 대하여 더욱 열심이 있었으나

15 그러나 내 어머니의 태로부터 나를 택정하시고
그의 은혜로 나를 부르신 이가

16 그의 아들을 이방에 전하기 위하여
그를 내 속에 나타내시기를 기뻐하셨을 때에
내가 곧 혈육과 의논하지 아니하고

17 또 나보다 먼저 사도 된 자들을 만나려고
예루살렘으로 가지 아니하고 아라비아로 갔다가
다시 다메섹으로 돌아갔노라

18 그 후 삼 년 만에 내가 게바를 방문하려고
예루살렘에 올라가서 그와 함께 십오 일을 머무는 동안

19 주의 형제 야고보 외에 다른 사도들을 보지 못하였노라

²⁰보라 내가 너희에게 쓰는 것은
하나님 앞에서 거짓말이 아니로다

²¹그 후에 내가 수리아와 길리기아 지방에 이르렀으나

²²그리스도 안에 있는 유대의 교회들이
나를 얼굴로는 알지 못하고

²³다만 우리를 박해하던 자가
전에 멸하려던 그 믿음을 지금 전한다 함을 듣고

²⁴나로 말미암아 하나님께 영광을 돌리니라

할례자의 사도와 이방인의 사도

2 ¹십사 년 후에 내가 바나바와 함께
디도를 데리고 다시 예루살렘에 올라갔나니

²계시를 따라 올라가 내가 이방 가운데서 전파하는 복음을

그들에게 제시하되 유력한 자들에게 사사로이 한 것은
내가 달음질하는 것이나 달음질한 것이 헛되지 않게
하려 함이라

³그러나 나와 함께 있는 헬라인 디도까지도
억지로 할례를 받게 하지 아니하였으니

⁴이는 가만히 들어온 거짓 형제들 때문이라
그들이 가만히 들어온 것은

그리스도 예수 안에서 우리가 가진 자유를 엿보고
우리를 종으로 삼고자 함이로되

⁵그들에게 우리가 한시도 복종하지 아니하였으니
이는 복음의 진리가 항상 너희 가운데 있게 하려 함이라

⁶유력하다는 이들 중에

(본래 어떤 이들이든지 내게 상관이 없으며
하나님은 사람을 외모로 취하지 아니하시나니)
저 유력한 이들은 내게 의무를 더하여 준 것이 없고

7 도리어 그들은 내가 무할례자에게 복음 전함을 맡은 것이
베드로가 할례자에게 맡음과 같은 것을 보았고

8 베드로에게 역사하사 그를 할례자의 사도로 삼으신 이가
또한 내게 역사하사 나를 이방인의 사도로 삼으셨느니라

9 또 기둥 같이 여기는 야고보와 게바와 요한도
내게 주신 은혜를 알므로 나와 바나바에게

친교의 악수를 하였으니 우리는 이방인에게로,
그들은 할례자에게로 가게 하려 함이라

10 다만 우리에게 가난한 자들을 기억하도록 부탁하였으니

이것은 나도 본래부터 힘써 행하여 왔노라

믿음으로 의롭게 되다

[11]게바가 안디옥에 이르렀을 때에 책망 받을 일이 있기로
내가 그를 대면하여 책망하였노라

[12]야고보에게서 온 어떤 이들이 이르기 전에
게바가 이방인과 함께 먹다가 그들이 오매
그가 할례자들을 두려워하여 떠나 물러가매

[13]남은 유대인들도 그와 같이 외식(外飾)하므로
바나바도 그들의 외식에 유혹되었느니라

[14]그러므로 나는 그들이 복음의 진리를 따라
바르게 행하지 아니함을 보고 모든 자 앞에서
게바에게 이르되 네가 유대인으로서 이방인을 따르고

유대인답게 살지 아니하면서 어찌하여 억지로
이방인을 유대인답게 살게 하려느냐 하였노라

---

15 우리는 본래 유대인이요 이방(異邦) 죄인이 아니로되

16 사람이 의롭게 되는 것은 율법의 행위로 말미암음이 아니요
오직 예수 그리스도를 믿음으로 말미암는 줄 알므로

우리도 그리스도 예수를 믿나니
이는 우리가 율법의 행위로써가 아니고

그리스도를 믿음으로써 의롭다 함을 얻으려 함이라
율법의 행위로써는 의롭다 함을 얻을 육체가 없느니라

---

17 만일 우리가 그리스도 안에서 의롭게 되려 하다가
죄인으로 드러나면 그리스도께서 죄를 짓게 하는 자냐
결코 그럴 수 없느니라

---

¹⁸만일 내가 헐었던 것을 다시 세우면
내가 나를 범법(犯法)한 자로 만드는 것이라

¹⁹내가 율법으로 말미암아 율법에 대하여 죽었나니
이는 하나님에 대하여 살려 함이라

²⁰내가 그리스도와 함께 십자가에 못 박혔나니
그런즉 이제는 내가 사는 것이 아니요

오직 내 안에 그리스도께서 사시는 것이라
이제 내가 육체 가운데 사는 것은

나를 사랑하사 나를 위하여 자기 자신을 버리신
하나님의 아들을 믿는 믿음 안에서 사는 것이라

²¹내가 하나님의 은혜를 폐하지 아니하노니
만일 의롭게 되는 것이 율법으로 말미암으면

그리스도께서 헛되이 죽으셨느니라

갈라디아 사람들에게 호소하다

3 ¹어리석도다 갈라디아 사람들아
예수 그리스도께서 십자가에 못 박히신 것이
너희 눈 앞에 밝히 보이거늘 누가 너희를 꾀더냐

²내가 너희에게서 다만 이것을 알려 하노니
너희가 성령을 받은 것이 율법의 행위로냐
혹은 듣고 믿음으로냐

³너희가 이같이 어리석으냐
성령으로 시작하였다가 이제는 육체로 마치겠느냐

⁴너희가 이같이 많은 괴로움을 헛되이 받았느냐 과연 헛되냐

⁵너희에게 성령을 주시고

너희 가운데서 능력을 행하시는 이의 일이
율법의 행위에서냐 혹은 듣고 믿음에서냐

⁶아브라함이 하나님을 믿으매
그것을 그에게 의로 정하셨다 함과 같으니라

⁷그런즉 믿음으로 말미암은 자들은
아브라함의 자손인 줄 알지어다

⁸또 하나님이 이방을 믿음으로 말미암아
의로 정하실 것을 성경이 미리 알고

먼저 아브라함에게 복음을 전하되 모든 이방인이
너로 말미암아 복을 받으리라 하였느니라

⁹그러므로 믿음으로 말미암은 자는
믿음이 있는 아브라함과 함께 복을 받느니라

¹⁰무릇 율법 행위에 속한 자들은 저주 아래에 있나니
기록된 바 누구든지 율법 책에 기록된 대로

모든 일을 항상 행하지 아니하는 자는
저주 아래에 있는 자라 하였음이라

¹¹또 하나님 앞에서 아무도 율법으로 말미암아
의롭게 되지 못할 것이 분명하니
이는 의인은 믿음으로 살리라 하였음이라

¹²율법은 믿음에서 난 것이 아니니
율법을 행하는 자는 그 가운데서 살리라 하였느니라

¹³그리스도께서 우리를 위하여 저주를 받은 바 되사
율법의 저주에서 우리를 속량하셨으니 기록된 바
나무에 달린 자마다 저주 아래에 있는 자라 하였음이라

¹⁴이는 그리스도 예수 안에서
아브라함의 복이 이방인에게 미치게 하고

또 우리로 하여금 믿음으로 말미암아
성령의 약속을 받게 하려 함이라

율법과 약속

¹⁵형제들아 내가 사람의 예대로 말하노니
사람의 언약이라도 정한 후에는
아무도 폐하거나 더하거나 하지 못하느니라

¹⁶이 약속들은 아브라함과 그 자손에게 말씀하신 것인데
여럿을 가리켜 그 자손들이라 하지 아니하시고
오직 한 사람을 가리켜 네 자손이라 하셨으니 곧 그리스도라

¹⁷내가 이것을 말하노니 하나님께서 미리 정하신 언약을

사백삼십 년 후에 생긴 율법이 폐기하지 못하고
그 약속을 헛되게 하지 못하리라

18만일 그 유업이 율법에서 난 것이면
약속에서 난 것이 아니리라

그러나 하나님이 약속으로 말미암아
아브라함에게 주신 것이라

19그런즉 율법은 무엇이냐 범법하므로 더하여진 것이라
천사들을 통하여 한 중보자의 손으로 베푸신 것인데
약속하신 자손이 오시기까지 있을 것이라

20그 중보자는 한 편만 위한 자가 아니나
하나님은 한 분이시니라

21그러면 율법이 하나님의 약속들과 반대되는 것이냐

결코 그럴 수 없느니라
만일 능히 살게 하는 율법을 주셨더라면
의가 반드시 율법으로 말미암았으리라

──────────────────────────────

²²그러나 성경이 모든 것을 죄 아래에 가두었으니
이는 예수 그리스도를 믿음으로 말미암는 약속을
믿는 자들에게 주려 함이라

──────────────────────────────

──────────────────────────────

하나님의 아들

²³믿음이 오기 전에 우리는 율법 아래에 매인 바 되고
계시될 믿음의 때까지 갇혔느니라

──────────────────────────────

²⁴이같이 율법이 우리를 그리스도께로 인도하는
초등교사가 되어 우리로 하여금 믿음으로
말미암아 의롭다 함을 얻게 하려 함이라

──────────────────────────────

²⁵믿음이 온 후로는 우리가 초등교사 아래에 있지 아니하도다

²⁶너희가 다 믿음으로 말미암아
그리스도 예수 안에서 하나님의 아들이 되었으니

²⁷누구든지 그리스도와 합하기 위하여
세례를 받은 자는 그리스도로 옷 입었느니라

²⁸너희는 유대인이나 헬라인이나 종이나 자유인이나
남자나 여자나 다 그리스도 예수 안에서 하나이니라

²⁹너희가 그리스도의 것이면 곧 아브라함의 자손이요
약속대로 유업을 이을 자니라

4 ¹내가 또 말하노니 유업을 이을 자가 모든 것의
주인이나 어렸을 동안에는 종과 다름이 없어서

²그 아버지가 정한 때까지 후견인과 청지기 아래에 있나니

³이와 같이 우리도 어렸을 때에
이 세상의 초등학문 아래에 있어서 종 노릇 하였더니

⁴때가 차매 하나님이 그 아들을 보내사
여자에게서 나게 하시고 율법 아래에 나게 하신 것은

⁵율법 아래에 있는 자들을 속량하시고
우리로 아들의 명분을 얻게 하려 하심이라

⁶너희가 아들이므로 하나님이 그 아들의 영을
우리 마음 가운데 보내사 아빠 아버지라 부르게 하셨느니라

⁷그러므로 네가 이 후로는 종이 아니요 아들이니
아들이면 하나님으로 말미암아 유업을 받을 자니라

바울이 갈라디아 교회를 염려하다
⁸그러나 너희가 그 때에는 하나님을 알지 못하여

본질상 하나님이 아닌 자들에게 종 노릇 하였더니

⁹이제는 너희가 하나님을 알 뿐 아니라
더욱이 하나님이 아신 바 되었거늘

어찌하여 다시 약하고 천박한 초등학문으로 돌아가서
다시 그들에게 종 노릇 하려 하느냐

¹⁰너희가 날과 달과 절기와 해를 삼가 지키니

¹¹내가 너희를 위하여 수고한 것이 헛될까 두려워하노라

¹²형제들아 내가 너희와 같이 되었은즉
너희도 나와 같이 되기를 구하노라
너희가 내게 해롭게 하지 아니하였느니라

¹³내가 처음에 육체의 약함으로 말미암아
너희에게 복음을 전한 것을 너희가 아는 바라

¹⁴너희를 시험하는 것이 내 육체에 있으되
이것을 너희가 업신여기지도 아니하며 버리지도 아니하고

오직 나를 하나님의 천사와 같이
또는 그리스도 예수와 같이 영접하였도다

¹⁵너희의 복이 지금 어디 있느냐
내가 너희에게 증언하노니 너희가 할 수만 있었더라면
너희의 눈이라도 빼어 나에게 주었으리라

¹⁶그런즉 내가 너희에게 참된 말을 하므로 원수가 되었느냐

¹⁷그들이 너희에게 대하여 열심 내는 것은
좋은 뜻이 아니요 오직 너희를 이간시켜
너희로 그들에게 대하여 열심을 내게 하려 함이라

¹⁸좋은 일에 대하여 열심으로 사모함을 받음은

내가 너희를 대하였을 때뿐 아니라 언제든지 좋으니라

¹⁹나의 자녀들아 너희 속에 그리스도의 형상을 이루기까지
다시 너희를 위하여 해산하는 수고를 하노니

²⁰내가 이제라도 너희와 함께 있어 내 언성을 높이려 함은
너희에 대하여 의혹이 있음이라

하갈과 사라

²¹내게 말하라 율법 아래에 있고자 하는 자들아
율법을 듣지 못하였느냐

²²기록된 바 아브라함에게 두 아들이 있으니
하나는 여종에게서,
하나는 자유 있는 여자에게서 났다 하였으며

²³여종에게서는 육체를 따라 났고

자유 있는 여자에게서는 약속으로 말미암았느니라

²⁴이것은 비유니 이 여자들은 두 언약이라
하나는 시내 산으로부터 종을 낳은 자니 곧 하갈이라

²⁵이 하갈은 아라비아에 있는 시내 산으로서
지금 있는 예루살렘과 같은 곳이니
그가 그 자녀들과 더불어 종 노릇 하고

²⁶오직 위에 있는 예루살렘은 자유자니 곧 우리 어머니라

²⁷기록된 바 잉태하지 못한 자여 즐거워하리
산고를 모르는 자여 소리 질러 외치라

이는 홀로 사는 자의 자녀가
남편 있는 자의 자녀보다 많음이라 하였으니

²⁸형제들아 너희는 이삭과 같이 약속의 자녀라

²⁹그러나 그 때에 육체를 따라 난 자가
성령을 따라 난 자를 박해한 것 같이 이제도 그러하도다

³⁰그러나 성경이 무엇을 말하느냐
여종과 그 아들을 내쫓으라

여종의 아들이 자유 있는 여자의 아들과 더불어
유업을 얻지 못하리라 하였느니라

³¹그런즉 형제들아 우리는 여종의 자녀가 아니요
자유 있는 여자의 자녀니라

5 ¹그리스도께서 우리를 자유롭게 하려고
자유를 주셨으니 그러므로 굳건하게 서서
다시는 종의 멍에를 메지 말라

그리스도인의 자유와 사랑

2 보라 나 바울은 너희에게 말하노니
너희가 만일 할례를 받으면 그리스도께서 너희에게
아무 유익이 없으리라

3 내가 할례를 받는 각 사람에게 다시 증언하노니
그는 율법 전체를 행할 의무를 가진 자라

4 율법 안에서 의롭다 함을 얻으려 하는 너희는
그리스도에게서 끊어지고 은혜에서 떨어진 자로다

5 우리가 성령으로 믿음을 따라 의의 소망을 기다리노니

6 그리스도 예수 안에서는 할례나 무할례나 효력이 없으되
사랑으로써 역사하는 믿음뿐이니라

7 너희가 달음질을 잘 하더니 누가 너희를 막아
진리를 순종하지 못하게 하더냐

⁸그 권면은 너희를 부르신 이에게서 난 것이 아니니라

⁹적은 누룩이 온 덩이에 퍼지느니라

¹⁰나는 너희가 아무 다른 마음을 품지 아니할 줄을
주 안에서 확신하노라

그러나 너희를 요동하게 하는 자는
누구든지 심판을 받으리라

¹¹형제들아 내가 지금까지 할례를 전한다면
어찌하여 지금까지 박해를 받으리요
그리하였으면 십자가의 걸림돌이 제거되었으리니

¹²너희를 어지럽게 하는 자들은
스스로 베어 버리기를 원하노라

¹³형제들아 너희가 자유를 위하여 부르심을 입었으나

그러나 그 자유로 육체의 기회를 삼지 말고
오직 사랑으로 서로 종 노릇 하라

¹⁴온 율법은 네 이웃 사랑하기를
네 자신 같이 하라 하신 한 말씀에서 이루어졌나니

¹⁵만일 서로 물고 먹으면 피차 멸망할까 조심하라

육체의 일과 성령의 열매

¹⁶내가 이르노니 너희는 성령을 따라 행하라
그리하면 육체의 욕심을 이루지 아니하리라

¹⁷육체의 소욕은 성령을 거스르고 성령은 육체를 거스르나니
이 둘이 서로 대적함으로 너희가 원하는 것을 하지 못하게
하려 함이니라

¹⁸너희가 만일 성령의 인도하시는 바가 되면

율법 아래에 있지 아니하리라

19 육체의 일은 분명하니 곧 음행과 더러운 것과 호색과

20 우상 숭배와 주술과 원수 맺는 것과 분쟁과 시기와
분냄과 당 짓는 것과 분열함과 이단과

21 투기와 술 취함과 방탕함과 또 그와 같은 것들이라
전에 너희에게 경계한 것 같이 경계하노니

이런 일을 하는 자들은
하나님의 나라를 유업으로 받지 못할 것이요

22 오직 성령의 열매는 사랑과 희락과 화평과
오래 참음과 자비와 양선과 충성과

23 온유와 절제니 이같은 것을 금지할 법이 없느니라

24 그리스도 예수의 사람들은 육체와 함께

그 정욕과 탐심을 십자가에 못 박았느니라

25만일 우리가 성령으로 살면 또한 성령으로 행할지니

26헛된 영광을 구하여 서로 노엽게 하거나
서로 투기하지 말지니라

짐을 서로 지라

6 1형제들아 사람이 만일 무슨 범죄한 일이 드러나거든
신령한 너희는 온유한 심령으로 그러한 자를 바로잡고
너 자신을 살펴보아 너도 시험을 받을까 두려워하라

2너희가 짐을 서로 지라 그리하여 그리스도의 법을 성취하라

3만일 누가 아무 것도 되지 못하고
된 줄로 생각하면 스스로 속임이라

4각각 자기의 일을 살피라

그리하면 자랑할 것이 자기에게는 있어도
남에게는 있지 아니하리니

⁵각각 자기의 짐을 질 것이라

⁶가르침을 받는 자는 말씀을 가르치는 자와
모든 좋은 것을 함께 하라

⁷스스로 속이지 말라
하나님은 업신여김을 받지 아니하시나니
사람이 무엇으로 심든지 그대로 거두리라

⁸자기의 육체를 위하여 심는 자는
육체로부터 썩어질 것을 거두고 성령을 위하여 심는 자는
성령으로부터 영생(永生)을 거두리라

⁹우리가 선을 행하되 낙심하지 말지니

포기하지 아니하면 때가 이르매 거두리라

10 그러므로 우리는 기회 있는 대로 모든 이에게
착한 일을 하되 더욱 믿음의 가정들에게 할지니라

할례와 그리스도의 십자가

11 내 손으로 너희에게 이렇게 큰 글자로 쓴 것을 보라

12 무릇 육체의 모양을 내려 하는 자들이
억지로 너희에게 할례를 받게 함은

그들이 그리스도의 십자가로 말미암아
박해를 면하려 함뿐이라

13 할례를 받은 그들이라도 스스로 율법은 지키지 아니하고
너희에게 할례를 받게 하려 하는 것은
그들이 너희의 육체로 자랑하려 함이라

14 그러나 내게는 우리 주 예수 그리스도의 십자가 외에
  결코 자랑할 것이 없으니 그리스도로 말미암아

세상이 나를 대하여 십자가에 못 박히고
내가 또한 세상을 대하여 그러하니라

15 할례나 무할례가 아무 것도 아니로되
  오직 새로 지으심을 받는 것만이 중요하니라

16 무릇 이 규례를 행하는 자에게와
  하나님의 이스라엘에게 평강과 긍휼이 있을지어다

17 이 후로는 누구든지 나를 괴롭게 하지 말라
  내가 내 몸에 예수의 흔적(痕迹)을 지니고 있노라

18 형제들아 우리 주 예수 그리스도의 은혜가
  너희 심령에 있을지어다 아멘

God bless you~

개역개정·신약성경쓰기

8

에베소서

너희는
그 은혜에 의하여
믿음으로 말미암아
구원을 받았으니
이것은 너희에게서
난 것이 아니요
하나님의 선물이라
_엡 2:8_

레마북스
Rhema

인사

1

[1] 하나님의 뜻으로 말미암아
그리스도 예수의 사도 된 바울은

에베소에 있는 성도들과 그리스도 예수 안에 있는
신실한 자들에게 편지하노니

[2] 하나님 우리 아버지와 주 예수 그리스도로부터
은혜와 평강이 너희에게 있을지어다

하늘에 속한 신령한 복

[3] 찬송하리로다 하나님
곧 우리 주 예수 그리스도의 아버지께서

그리스도 안에서 하늘에 속한
모든 신령한 복을 우리에게 주시되

4곧 창세 전에 그리스도 안에서 우리를 택하사
우리로 사랑 안에서 그 앞에 거룩하고 흠이 없게 하시려고

5그 기쁘신 뜻대로 우리를 예정하사
예수 그리스도로 말미암아 자기의 아들들이 되게 하셨으니

6이는 그가 사랑하시는 자 안에서 우리에게 거저 주시는 바
그의 은혜의 영광을 찬송하게 하려는 것이라

7우리는 그리스도 안에서 그의 은혜의 풍성함을 따라
그의 피로 말미암아 속량 곧 죄 사함을 받았느니라

8이는 그가 모든 지혜와 총명을 우리에게 넘치게 하사

9그 뜻의 비밀을 우리에게 알리신 것이요
그의 기뻐하심을 따라 그리스도 안에서
때가 찬 경륜(經綸)을 위하여 예정하신 것이니

¹⁰하늘에 있는 것이나 땅에 있는 것이
다 그리스도 안에서 통일되게 하려 하심이라

¹¹모든 일을 그의 뜻의 결정대로 일하시는 이의 계획을 따라
우리가 예정을 입어 그 안에서 기업이 되었으니

¹²이는 우리가 그리스도 안에서 전부터 바라던
그의 영광의 찬송이 되게 하려 하심이라

¹³그 안에서 너희도 진리의 말씀
곧 너희의 구원의 복음을 듣고 그 안에서 또한 믿어
약속의 성령으로 인치심을 받았으니

¹⁴이는 우리 기업의 보증이 되사 그 얻으신 것을 속량하시고
그의 영광을 찬송하게 하려 하심이라

바울의 기도

¹⁵이로 말미암아 주 예수 안에서
너희 믿음과 모든 성도를 향한 사랑을 나도 듣고

¹⁶내가 기도할 때에 기억하며
너희로 말미암아 감사하기를 그치지 아니하고

¹⁷우리 주 예수 그리스도의 하나님, 영광의 아버지께서
지혜와 계시의 영을 너희에게 주사 하나님을 알게 하시고

¹⁸너희 마음의 눈을 밝히사 그의 부르심의 소망이 무엇이며
성도 안에서 그 기업의 영광의 풍성함이 무엇이며

¹⁹그의 힘의 위력으로 역사하심을 따라
믿는 우리에게 베푸신 능력의 지극히 크심이
어떠한 것을 너희로 알게 하시기를 구하노라

²⁰그의 능력이 그리스도 안에서 역사하사

죽은 자들 가운데서 다시 살리시고
하늘에서 자기의 오른편에 앉히사

²¹모든 통치와 권세와 능력(能力)과 주권과 이 세상뿐 아니라
오는 세상에 일컫는 모든 이름 위에 뛰어나게 하시고

²²또 만물을 그의 발 아래에 복종하게 하시고
그를 만물 위에 교회의 머리로 삼으셨느니라

²³교회는 그의 몸이니 만물 안에서
만물을 충만하게 하시는 이의 충만함이니라

허물과 죄로 죽었던 너희를 살리셨다

2

¹그는 허물과 죄로 죽었던 너희를 살리셨도다

²그 때에 너희는 그 가운데서 행하여
이 세상 풍조를 따르고 공중의 권세 잡은 자를 따랐으니

곧 지금 불순종의 아들들 가운데서 역사하는 영이라

3전에는 우리도 다 그 가운데서
우리 육체의 욕심을 따라 지내며

육체와 마음의 원하는 것을 하여
다른 이들과 같이 본질상 진노의 자녀이었더니

4긍휼이 풍성하신 하나님이
우리를 사랑하신 그 큰 사랑을 인하여

5허물로 죽은 우리를 그리스도와 함께 살리셨고
(너희는 은혜로 구원을 받은 것이라)

6또 함께 일으키사 그리스도 예수 안에서
함께 하늘에 앉히시니

7이는 그리스도 예수 안에서 우리에게 자비하심으로써

그 은혜의 지극히 풍성함을
오는 여러 세대에 나타내려 하심이라

8 너희는 그 은혜에 의하여 믿음으로 말미암아 구원을 받았으니
이것은 너희에게서 난 것이 아니요 하나님의 선물이라

9 행위에서 난 것이 아니니
이는 누구든지 자랑하지 못하게 함이라

10 우리는 그가 만드신 바라 그리스도 예수 안에서
선한 일을 위하여 지으심을 받은 자니

이 일은 하나님이 전에 예비하사
우리로 그 가운데서 행하게 하려 하심이니라

십자가로 화목하게 하시다
11 그러므로 생각하라 너희는 그 때에 육체로는 이방인이요

손으로 육체에 행한 할례를 받은 무리라 칭하는 자들로부터
할례를 받지 않은 무리라 칭함을 받는 자들이라

---

12 그 때에 너희는 그리스도 밖에 있었고
이스라엘 나라 밖의 사람이라

약속의 언약들에 대하여는 외인이요
세상에서 소망이 없고 하나님도 없는 자이더니

---

13 이제는 전에 멀리 있던 너희가 그리스도 예수 안에서
그리스도의 피로 가까워졌느니라

---

14 그는 우리의 화평이신지라 둘로 하나를 만드사
원수 된 것 곧 중간에 막힌 담을 자기 육체로 허시고

---

15 법조문으로 된 계명의 율법을 폐하셨으니
이는 이 둘로 자기 안에서

한 새 사람을 지어 화평하게 하시고

16또 십자가로 이 둘을 한 몸으로
하나님과 화목하게 하려 하심이라
원수 된 것을 십자가로 소멸하시고

17또 오셔서 먼 데 있는 너희에게 평안을 전하시고
가까운 데 있는 자들에게 평안을 전하셨으니

18이는 그로 말미암아 우리 둘이 한 성령 안에서
아버지께 나아감을 얻게 하려 하심이라

19그러므로 이제부터 너희는 외인도 아니요 나그네도 아니요
오직 성도들과 동일한 시민이요 하나님의 권속이라

20너희는 사도들과 선지자들의 터 위에 세우심을 입은 자라
그리스도 예수께서 친히 모퉁잇돌이 되셨느니라

²¹그의 안에서 건물마다 서로 연결하여
주 안에서 성전이 되어 가고

²²너희도 성령 안에서 하나님이 거하실 처소가 되기 위하여
그리스도 예수 안에서 함께 지어져 가느니라

하나님의 구원의 경륜의 비밀

3 ¹이러므로 그리스도 예수의 일로 너희 이방인을 위하여
갇힌 자 된 나 바울이 말하거니와

²너희를 위하여 내게 주신 하나님의
그 은혜의 경륜을 너희가 들었을 터이라

³곧 계시로 내게 비밀을 알게 하신 것은
내가 먼저 간단히 기록함과 같으니

⁴그것을 읽으면 내가 그리스도의 비밀을 깨달은 것을

너희가 알 수 있으리라

⁵이제 그의 거룩한 사도들과 선지자들에게
성령으로 나타내신 것 같이 다른 세대에서는
사람의 아들들에게 알리지 아니하셨으니

⁶이는 이방인들이 복음으로 말미암아
그리스도 예수 안에서 함께 상속자가 되고
함께 지체가 되고 함께 약속에 참여하는 자가 됨이라

⁷이 복음을 위하여 그의 능력이 역사하시는 대로
내게 주신 하나님의 은혜의 선물을 따라
내가 일꾼이 되었노라

⁸모든 성도 중에 지극히 작은 자보다
더 작은 나에게 이 은혜를 주신 것은

측량할 수 없는 그리스도의 풍성함을
이방인에게 전하게 하시고

⁹영원부터 만물을 창조하신 하나님 속에 감추어졌던
비밀의 경륜이 어떠한 것을 드러내게 하려 하심이라

¹⁰이는 이제 교회로 말미암아 하늘에 있는 통치자들과
권세들에게 하나님의 각종 지혜를 알게 하려 하심이니

¹¹곧 영원부터 우리 주 그리스도 예수 안에서
예정(豫定)하신 뜻대로 하신 것이라

¹²우리가 그 안에서 그를 믿음으로 말미암아
담대함과 확신을 가지고 하나님께 나아감을 얻느니라

¹³그러므로 너희에게 구하노니
너희를 위한 나의 여러 환난에 대하여 낙심하지 말라

이는 너희의 영광이니라

그리스도의 사랑을 알게 하시기를

¹⁴이러므로 내가 하늘과 땅에 있는 각 족속에게

¹⁵이름을 주신 아버지 앞에 무릎을 꿇고 비노니

¹⁶그의 영광의 풍성함을 따라 그의 성령으로 말미암아
너희 속사람을 능력으로 강건하게 하시오며

¹⁷믿음으로 말미암아 그리스도께서 너희 마음에
계시게 하시옵고 너희가 사랑 가운데서
뿌리가 박히고 터가 굳어져서

¹⁸능히 모든 성도와 함께
지식에 넘치는 그리스도의 사랑을 알고

¹⁹그 너비와 길이와 높이와 깊이가 어떠함을 깨달아

하나님의 모든 충만하신 것으로
너희에게 충만하게 하시기를 구하노라

20 우리 가운데서 역사하시는 능력대로
우리가 구하거나 생각하는 모든 것에
더 넘치도록 능히 하실 이에게

21 교회 안에서와 그리스도 예수 안에서
영광이 대대로 영원무궁하기를 원하노라 아멘

성령이 하나되게 하신 것

4 1 그러므로 주 안에서 갇힌 내가 너희를 권하노니
너희가 부르심을 받은 일에 합당하게 행하여

2 모든 겸손과 온유(溫柔)로 하고
오래 참음으로 사랑 가운데서 서로 용납(容納)하고

3평안의 매는 줄로 성령이 하나 되게 하신 것을 힘써 지키라

4몸이 하나요 성령도 한 분이시니
이와 같이 너희가 부르심의 한 소망 안에서
부르심을 받았느니라

5주도 한 분이시요 믿음도 하나요 세례도 하나요

6하나님도 한 분이시니 곧 만유의 아버지시라
만유 위에 계시고 만유를 통일하시고 만유 가운데 계시도다

7우리 각 사람에게 그리스도의 선물의 분량대로
은혜를 주셨나니

8그러므로 이르기를 그가 위로 올라가실 때에
사로잡혔던 자들을 사로잡으시고
사람들에게 선물을 주셨다 하였도다

⁹올라가셨다 하였은즉 땅 아래 낮은 곳으로
내리셨던 것이 아니면 무엇이냐

_____

¹⁰내리셨던 그가 곧 모든 하늘 위에 오르신 자니
이는 만물을 충만하게 하려 하심이라

_____

¹¹그가 어떤 사람은 사도로, 어떤 사람은 선지자로,
어떤 사람은 복음 전하는 자로,
어떤 사람은 목사와 교사로 삼으셨으니

_____

_____

¹²이는 성도를 온전하게 하여 봉사의 일을 하게 하며
그리스도의 몸을 세우려 하심이라

_____

¹³우리가 다 하나님의 아들을 믿는 것과
아는 일에 하나가 되어 온전한 사람을 이루어
그리스도의 장성한 분량이 충만한 데까지 이르리니

_____

_____

¹⁴이는 우리가 이제부터 어린 아이가 되지 아니하여
사람의 속임수와 간사한 유혹에 빠져
온갖 교훈의 풍조에 밀려 요동하지 않게 하려 함이라

¹⁵오직 사랑 안에서 참된 것을 하여 범사에
그에게까지 자랄지라 그는 머리니 곧 그리스도라

¹⁶그에게서 온 몸이 각 마디를 통하여 도움을 받음으로
연결되고 결합(結合)되어 각 지체의 분량대로 역사하여
그 몸을 자라게 하며 사랑 안에서 스스로 세우느니라

옛 사람과 새 사람

¹⁷그러므로 내가 이것을 말하며 주 안에서 증언하노니
이제부터 너희는 이방인이 그 마음의 허망한 것으로
행함 같이 행하지 말라

¹⁸그들의 총명이 어두워지고 그들 가운데 있는 무지함과
그들의 마음이 굳어짐으로 말미암아
하나님의 생명에서 떠나 있도다

¹⁹그들이 감각 없는 자가 되어 자신을 방탕에 방임하여
모든 더러운 것을 욕심으로 행하되

²⁰오직 너희는 그리스도를 그같이 배우지 아니하였느니라

²¹진리가 예수 안에 있는 것 같이
너희가 참으로 그에게서 듣고
또한 그 안에서 가르침을 받았을진대

²²너희는 유혹의 욕심을 따라 썩어져 가는
구습(舊習)을 따르는 옛 사람을 벗어 버리고

²³오직 너희의 심령이 새롭게 되어

²⁴하나님을 따라 의와 진리의 거룩함으로
지으심을 받은 새 사람을 입으라

하나님을 본받는 생활

²⁵그런즉 거짓을 버리고 각각 그 이웃과 더불어
참된 것을 말하라 이는 우리가 서로 지체가 됨이라

²⁶분을 내어도 죄를 짓지 말며 해가 지도록 분을 품지 말고

²⁷마귀에게 틈을 주지 말라

²⁸도둑질하는 자는 다시 도둑질하지 말고
돌이켜 가난한 자에게 구제할 수 있도록
자기 손으로 수고하여 선한 일을 하라

²⁹무릇 더러운 말은 너희 입 밖에도 내지 말고
오직 덕을 세우는 데 소용되는 대로 선한 말을 하여

듣는 자들에게 은혜를 끼치게 하라

30 하나님의 성령을 근심하게 하지 말라
그 안에서 너희가 구원의 날까지 인치심을 받았느니라

31 너희는 모든 악독과 노함과 분냄과 떠드는 것과
비방하는 것을 모든 악의와 함께 버리고

32 서로 친절하게 하며 불쌍히 여기며
서로 용서하기를 하나님이 그리스도 안에서
너희를 용서하심과 같이 하라

5 1 그러므로 사랑을 받는 자녀 같이
너희는 하나님을 본받는 자가 되고

2 그리스도께서 너희를 사랑하신 것 같이
너희도 사랑 가운데서 행하라

그는 우리를 위하여 자신을 버리사
향기로운 제물(祭物)과 희생제물로 하나님께 드리셨느니라

³음행과 온갖 더러운 것과 탐욕은
너희 중에서 그 이름조차도 부르지 말라
이는 성도에게 마땅한 바니라

⁴누추함과 어리석은 말이나 희롱의 말이 마땅치 아니하니
오히려 감사하는 말을 하라

⁵너희도 정녕 이것을 알거니와 음행하는 자나
더러운 자나 탐하는 자 곧 우상 숭배자는
다 그리스도와 하나님의 나라에서 기업을 얻지 못하리니

⁶누구든지 헛된 말로 너희를 속이지 못하게 하라
이로 말미암아 하나님의 진노가 불순종의 아들들에게 임하나니

7 그러므로 그들과 함께 하는 자가 되지 말라

8 너희가 전에는 어둠이더니 이제는 주 안에서 빛이라
빛의 자녀들처럼 행하라

9 빛의 열매는 모든 착함과 의로움과 진실함에 있느니라

10 주를 기쁘시게 할 것이 무엇인가 시험하여 보라

11 너희는 열매 없는 어둠의 일에 참여하지 말고
도리어 책망하라

12 그들이 은밀히 행하는 것들은 말하기도 부끄러운 것들이라

13 그러나 책망을 받는 모든 것은 빛으로 말미암아 드러나나니
드러나는 것마다 빛이니라

14 그러므로 이르시기를 잠자는 자여
깨어서 죽은 자들 가운데서 일어나라

그리스도께서 너에게 비추이시리라 하셨느니라

___

그리스도의 이름으로 감사하라

15 그런즉 너희가 어떻게 행할지를 자세히 주의하여
지혜 없는 자 같이 하지 말고 오직 지혜 있는 자 같이 하여

16 세월을 아끼라 때가 악하니라

17 그러므로 어리석은 자가 되지 말고
오직 주의 뜻이 무엇인가 이해하라

18 술 취하지 말라 이는 방탕한 것이니
오직 성령으로 충만함을 받으라

19 시와 찬송과 신령한 노래들로 서로 화답하며
너희의 마음으로 주께 노래하며 찬송하며

20 범사에 우리 주 예수 그리스도의 이름으로

항상 아버지 하나님께 감사하며

21 그리스도를 경외함으로 피차 복종(服從)하라

아내와 남편
22 아내들이여 자기 남편에게 복종하기를 주께 하듯 하라

23 이는 남편이 아내의 머리 됨이
그리스도께서 교회의 머리 됨과 같음이니
그가 바로 몸의 구주시니라

24 그러므로 교회가 그리스도에게 하듯
아내들도 범사에 자기 남편에게 복종할지니라

25 남편들아 아내 사랑하기를
그리스도께서 교회를 사랑하시고
그 교회를 위하여 자신을 주심 같이 하라

²⁶이는 곧 물로 씻어 말씀으로 깨끗하게 하사
거룩하게 하시고

²⁷자기 앞에 영광스러운 교회로 세우사
티나 주름 잡힌 것이나 이런 것들이 없이
거룩하고 흠이 없게 하려 하심이라

²⁸이와 같이 남편들도 자기 아내 사랑하기를
자기 자신과 같이 할지니 자기 아내를 사랑하는 자는
자기를 사랑하는 것이라

²⁹누구든지 언제나 자기 육체를 미워하지 않고
오직 양육하여 보호하기를
그리스도께서 교회(敎會)에게 함과 같이 하나니

³⁰우리는 그 몸의 지체임이라

³¹그러므로 사람이 부모를 떠나 그의 아내와 합하여
그 둘이 한 육체가 될지니

³²이 비밀이 크도다 나는 그리스도와 교회에 대하여 말하노라

³³그러나 너희도 각각 자기의 아내 사랑하기를
자신 같이 하고 아내도 자기 남편을 존경하라

자녀와 부모

6 ¹자녀들아 주 안에서 너희 부모에게 순종하라
이것이 옳으니라

²네 아버지와 어머니를 공경하라
이것은 약속이 있는 첫 계명이니

³이로써 네가 잘되고 땅에서 장수하리라

⁴또 아비들아 너희 자녀를 노엽게 하지 말고

오직 주의 교훈과 훈계로 양육하라

종과 상전

5 종들아 두려워하고 떨며 성실한 마음으로
육체의 상전에게 순종하기를 그리스도께 하듯 하라

6 눈가림만 하여 사람을 기쁘게 하는 자처럼 하지 말고
그리스도의 종들처럼 마음으로 하나님의 뜻을 행하고

7 기쁜 마음으로 섬기기를 주께 하듯 하고
사람들에게 하듯 하지 말라

8 이는 각 사람이 무슨 선을 행하든지
종이나 자유인이나 주께로부터 그대로 받을 줄을 앎이라

9 상전들아 너희도 그들에게 이와 같이 하고 위협을 그치라
이는 그들과 너희의 상전이 하늘에 계시고

그에게는 사람을 외모로 취하는 일이 없는 줄 너희가 앎이라

마귀를 대적하는 싸움

10 끝으로 너희가 주 안에서와 그 힘의 능력으로 강건하여지고

11 마귀의 간계를 능히 대적하기 위하여
하나님의 전신 갑주를 입으라

12 우리의 씨름은 혈과 육을 상대하는 것이 아니요
통치자들과 권세들과 이 어둠의 세상 주관자들과
하늘에 있는 악의 영들을 상대함이라

13 그러므로 하나님의 전신 갑주를 취하라
이는 악한 날에 너희가 능히 대적하고
모든 일을 행한 후에 서기 위함이라

14 그런즉 서서 진리로 너희 허리 띠를 띠고

의의 호심경을 붙이고

¹⁵평안의 복음이 준비한 것으로 신을 신고

¹⁶모든 것 위에 믿음의 방패를 가지고
이로써 능히 악한 자의 모든 불화살을 소멸(消滅)하고

¹⁷구원의 투구와 성령의 검 곧 하나님의 말씀을 가지라

¹⁸모든 기도와 간구를 하되 항상 성령 안에서 기도하고
이를 위하여 깨어 구하기를 항상(恒常) 힘쓰며
여러 성도를 위하여 구하라

¹⁹또 나를 위하여 구할 것은
내게 말씀을 주사 나로 입을 열어
복음의 비밀을 담대히 알리게 하옵소서 할 것이니

²⁰이 일을 위하여 내가 쇠사슬에 매인 사신이 된 것은

나로 이 일에 당연히 할 말을 담대히 하게 하려 하심이라

끝 인사
21나의 사정 곧 내가 무엇을 하는지
너희에게도 알리려 하노니

사랑을 받은 형제요 주 안에서 진실한 일꾼인
두기고가 모든 일을 너희에게 알리리라

22우리 사정을 알리고 또 너희 마음을 위로하기 위하여
내가 특별히 그를 너희에게 보내었노라

23아버지 하나님과 주 예수 그리스도께로부터
평안과 믿음을 겸한 사랑이 형제들에게 있을지어다

24우리 주 예수 그리스도를 변함 없이 사랑하는
모든 자에게 은혜가 있을지어다

God bless you~

8

빌립보서

아무 것도
염려하지 말고 다만
모든 일에 기도와 간구로,
너희 구할 것을 감사함으로
하나님께 아뢰라
그리하면 모든 지각에
뛰어난 하나님의 평강이
그리스도 예수 안에서
너희 마음과 생각을
지키시리라
_빌 4:6,7_

레마북스
RhemaBooks

인사

1

¹그리스도 예수의 종 바울과 디모데는
그리스도 예수 안에서 빌립보에 사는 모든 성도와
또한 감독들과 집사들에게 편지하노니

²하나님 우리 아버지와 주 예수 그리스도로부터
은혜와 평강이 너희에게 있을지어다

빌립보 성도들을 생각하며 간구하다

³내가 너희를 생각할 때마다 나의 하나님께 감사하며

⁴간구할 때마다 너희 무리를 위하여 기쁨으로 항상 간구함은

⁵너희가 첫날부터 이제까지
복음을 위한 일에 참여하고 있기 때문이라

⁶너희 안에서 착한 일을 시작하신 이가

그리스도 예수의 날까지 이루실 줄을 우리는 확신하노라

7 내가 너희 무리를 위하여
이와 같이 생각하는 것이 마땅하니
이는 너희가 내 마음에 있음이며

나의 매임과 복음을 변명함과 확정함에
너희가 다 나와 함께 은혜에 참여한 자가 됨이라

8 내가 예수 그리스도의 심장으로 너희 무리를
얼마나 사모하는지 하나님이 내 증인이시니라

9 내가 기도하노라 너희 사랑을 지식과 모든 총명으로
점점 더 풍성하게 하사

10 너희로 지극히 선한 것을 분별하며
또 진실하여 허물 없이 그리스도의 날까지 이르고

¹¹예수 그리스도로 말미암아 의의 열매가 가득하여
하나님의 영광과 찬송이 되기를 원하노라

바울의 매임과 복음 전파

¹²형제들아 내가 당한 일이 도리어 복음 전파에
진전(進展)이 된 줄을 너희가 알기를 원하노라

---

¹³이러므로 나의 매임이 그리스도 안에서
모든 시위대 안과 그 밖의 모든 사람에게 나타났으니

---

¹⁴형제 중 다수가 나의 매임으로 말미암아
주 안에서 신뢰(信賴)함으로 겁 없이 하나님의 말씀을
더욱 담대히 전하게 되었느니라

---

¹⁵어떤 이들은 투기와 분쟁으로,
어떤 이들은 착한 뜻으로 그리스도를 전파하나니

16이들은 내가 복음을 변증하기 위하여
세우심을 받은 줄 알고 사랑으로 하나

17그들은 나의 매임에 괴로움을 더하게 할 줄로 생각하여
순수하지 못하게 다툼으로 그리스도를 전파하느니라

18그러면 무엇이냐 겉치레로 하나 참으로 하나
무슨 방도로 하든지 전파되는 것은 그리스도니
이로써 나는 기뻐하고 또한 기뻐하리라

19이것이 너희의 간구와 예수 그리스도의 성령의 도우심으로
나를 구원에 이르게 할 줄 아는 고로

20나의 간절한 기대와 소망을 따라
아무 일에든지 부끄러워하지 아니하고
지금도 전과 같이 온전히 담대하여 살든지 죽든지

내 몸에서 그리스도가 존귀하게 되게 하려 하나니

²¹이는 내게 사는 것이 그리스도니 죽는 것도 유익함이라

²²그러나 만일 육신으로 사는 이것이 내 일의 열매일진대
무엇을 택해야 할는지 나는 알지 못하노라

²³내가 그 둘 사이에 끼었으니 차라리 세상을 떠나서
그리스도와 함께 있는 것이 훨씬 더 좋은 일이라
그렇게 하고 싶으나

²⁴내가 육신으로 있는 것이 너희를 위하여 더 유익하리라

²⁵내가 살 것과 너희 믿음의 진보와 기쁨을 위하여
너희 무리와 함께 거할 이것을 확실히 아노니

²⁶내가 다시 너희와 같이 있음으로 그리스도 예수 안에서
너희 자랑이 나로 말미암아 풍성하게 하려 함이라

27오직 너희는 그리스도의 복음에 합당하게 생활하라
이는 내가 너희에게 가 보나 떠나 있으나

너희가 한마음으로 서서 한 뜻으로
복음의 신앙을 위하여 협력하는 것과

28무슨 일에든지 대적하는 자들 때문에
두려워하지 아니하는 이 일을 듣고자 함이라

이것이 그들에게는 멸망의 증거요
너희에게는 구원의 증거니 이는 하나님께로부터 난 것이라

29그리스도를 위하여 너희에게 은혜를 주신 것은
다만 그를 믿을 뿐 아니라 또한 그를 위하여
고난도 받게 하려 하심이라

30너희에게도 그와 같은 싸움이 있으니

너희가 내 안에서 본 바요 이제도 내 안에서 듣는 바니라

그리스도의 겸손

2 [1] 그러므로 그리스도 안에 무슨 권면이나
사랑의 무슨 위로나 성령의 무슨 교제나
긍휼이나 자비가 있거든

[2] 마음을 같이하여 같은 사랑을 가지고
뜻을 합하며 한마음을 품어

[3] 아무 일에든지 다툼이나 허영으로 하지 말고
오직 겸손한 마음으로 각각 자기보다 남을 낫게 여기고

[4] 각각 자기 일을 돌볼뿐더러
또한 각각 다른 사람들의 일을 돌보아
나의 기쁨을 충만하게 하라

5너희 안에 이 마음을 품으라 곧 그리스도 예수의 마음이니

6그는 근본 하나님의 본체시나
하나님과 동등됨을 취할 것으로 여기지 아니하시고

7오히려 자기를 비워 종의 형체를 가지사
사람들과 같이 되셨고

8사람의 모양으로 나타나사 자기를 낮추시고
죽기까지 복종하셨으니 곧 십자가에 죽으심이라

9이러므로 하나님이 그를 지극히 높여
모든 이름 위에 뛰어난 이름을 주사

10하늘에 있는 자들과 땅에 있는 자들과
땅 아래에 있는 자들로 모든 무릎을
예수의 이름에 꿇게 하시고

¹¹모든 입으로 예수 그리스도를 주라 시인하여
하나님 아버지께 영광을 돌리게 하셨느니라

하나님의 흠 없는 자녀로 살라
¹²그러므로 나의 사랑하는 자들아
너희가 나 있을 때뿐 아니라 더욱 지금 나 없을 때에도
항상 복종하여 두렵고 떨림으로 너희 구원을 이루라

¹³너희 안에서 행하시는 이는 하나님이시니
자기의 기쁘신 뜻을 위하여
너희에게 소원을 두고 행하게 하시나니

¹⁴모든 일을 원망과 시비(是非)가 없이 하라

¹⁵이는 너희가 흠이 없고 순전하여
어그러지고 거스르는 세대 가운데서

하나님의 흠 없는 자녀로
세상에서 그들 가운데 빛들로 나타내며

16생명의 말씀을 밝혀 나의 달음질이 헛되지 아니하고
수고도 헛되지 아니함으로 그리스도의 날에
내가 자랑할 것이 있게 하려 함이라

17만일 너희 믿음의 제물과 섬김 위에
내가 나를 전제로 드릴지라도 나는 기뻐하고
너희 무리와 함께 기뻐하리니

18이와 같이 너희도 기뻐하고 나와 함께 기뻐하라

디모데와 에바브로디도
19내가 디모데를 속히 너희에게 보내기를 주 안에서 바람은
너희의 사정을 앎으로 안위를 받으려 함이니

²⁰이는 뜻을 같이하여 너희 사정을
진실히 생각할 자가 이밖에 내게 없음이라

---

²¹그들이 다 자기 일을 구하고
그리스도 예수의 일을 구하지 아니하되

---

²²디모데의 연단을 너희가 아나니 자식이 아버지에게 함같이
나와 함께 복음을 위하여 수고하였느니라

---

²³그러므로 내가 내 일이 어떻게 될지를 보아서
곧 이 사람을 보내기를 바라고

---

²⁴나도 속히 가게 될 것을 주 안에서 확신하노라

²⁵그러나 에바브로디도를 너희에게 보내는 것이
필요한 줄로 생각하노니 그는 나의 형제요
함께 수고하고 함께 군사 된 자요

너희 사자로 내가 쓸 것을 돕는 자라

---

²⁶그가 너희 무리를 간절히 사모하고
자기가 병든 것을 너희가 들은 줄을 알고 심히 근심한지라

---

²⁷그가 병들어 죽게 되었으나 하나님이 그를 긍휼히 여기셨고
그뿐 아니라 또 나를 긍휼히 여기사
내 근심 위에 근심을 면하게 하셨느니라

---

²⁸그러므로 내가 더욱 급히 그를 보낸 것은
너희로 그를 다시 보고 기뻐하게 하며
내 근심도 덜려 함이니라

---

²⁹이러므로 너희가 주 안에서 모든 기쁨으로 그를 영접하고
또 이와 같은 자들을 존귀히 여기라

---

³⁰그가 그리스도의 일을 위하여 죽기에 이르러도

자기 목숨을 돌보지 아니한 것은
나를 섬기는 너희의 일에 부족함을 채우려 함이니라

_____

_____

하나님께로부터 난 의

3 ¹끝으로 나의 형제들아 주 안에서 기뻐하라
너희에게 같은 말을 쓰는 것이
내게는 수고로움이 없고 너희에게는 안전하니라

_____

_____

²개들을 삼가고 행악하는 자들을 삼가고
몸을 상해하는 일을 삼가라

_____

³하나님의 성령으로 봉사하며 그리스도 예수로 자랑하고
육체를 신뢰하지 아니하는 우리가 곧 할례파라

_____

⁴그러나 나도 육체를 신뢰할 만하며
만일 누구든지 다른 이가 육체를 신뢰할 것이

_____

있는 줄로 생각하면 나는 더욱 그러하리니

5 나는 팔일 만에 할례를 받고 이스라엘 족속이요
배냐민 지파요 히브리인 중의 히브리인이요
율법으로는 바리새인이요

6 열심으로는 교회를 박해하고
율법의 의로는 흠이 없는 자라

7 그러나 무엇이든지 내게 유익하던 것을
내가 그리스도를 위하여 다 해로 여길뿐더러

8 또한 모든 것을 해로 여김은 내 주 그리스도 예수를
아는 지식이 가장 고상(高尙)하기 때문이라

내가 그를 위하여 모든 것을 잃어버리고
배설물로 여김은 그리스도를 얻고

⁹그 안에서 발견되려 함이니
내가 가진 의는 율법에서 난 것이 아니요

오직 그리스도를 믿음으로 말미암은 것이니
곧 믿음으로 하나님께로부터 난 의라

¹⁰내가 그리스도와 그 부활의 권능과
그 고난에 참여함을 알고자 하여 그의 죽으심을 본받아

¹¹어떻게 해서든지 죽은 자 가운데서 부활에 이르려 하노니

¹²내가 이미 얻었다 함도 아니요
온전히 이루었다 함도 아니라 오직 내가 그리스도 예수께
잡힌 바 된 그것을 잡으려고 달려가노라

¹³형제들아 나는 아직 내가 잡은 줄로 여기지 아니하고
오직 한 일 즉 뒤에 있는 것은 잊어버리고

앞에 있는 것을 잡으려고

14푯대를 향하여 그리스도 예수 안에서
하나님이 위에서 부르신 부름의 상을 위하여 달려가노라

15그러므로 누구든지 우리 온전히 이룬 자들은
이렇게 생각할지니 만일 어떤 일에 너희가 달리 생각하면
하나님이 이것도 너희에게 나타내시리라

16오직 우리가 어디까지 이르렀든지 그대로 행할 것이라

우리의 시민권은 하늘에
17형제들아 너희는 함께 나를 본받으라
그리고 너희가 우리를 본받은 것처럼
그와 같이 행하는 자들을 눈여겨 보라

18내가 여러 번 너희에게 말하였거니와

이제도 눈물을 흘리며 말하노니
여러 사람들이 그리스도의 십자가의 원수로 행하느니라

[19]그들의 마침은 멸망이요 그들의 신(神)은 배요
그 영광은 그들의 부끄러움에 있고 땅의 일을 생각하는 자라

[20]그러나 우리의 시민권은 하늘에 있는지라
거기로부터 구원하는 자 곧 주 예수 그리스도를 기다리노니

[21]그는 만물을 자기에게 복종하게 하실 수 있는 자의 역사로
우리의 낮은 몸을 자기 영광의 몸의 형체와 같이
변하게 하시리라

4

[1]그러므로 나의 사랑하고 사모하는 형제들,
나의 기쁨이요 면류관인 사랑하는 자들아
이와 같이 주 안에 서라

권면

²내가 유오디아를 권하고 순두게를 권하노니
주 안에서 같은 마음을 품으라

³또 참으로 나와 멍에를 같이한 네게 구하노니
복음에 나와 함께 힘쓰던 저 여인들을 돕고

또한 글레멘드와 그 외에 나의 동역자(同役者)들을 도우라
그 이름들이 생명책(生命冊)에 있느니라

⁴주 안에서 항상 기뻐하라 내가 다시 말하노니 기뻐하라

⁵너희 관용을 모든 사람에게 알게 하라 주께서 가까우시니라

⁶아무 것도 염려하지 말고 다만 모든 일에 기도와 간구로,
너희 구할 것을 감사함으로 하나님께 아뢰라

⁷그리하면 모든 지각(知覺)에 뛰어난 하나님의 평강이

그리스도 예수 안에서 너희 마음과 생각을 지키시리라

[8]끝으로 형제들아 무엇에든지 참되며 무엇에든지 경건하며
무엇에든지 옳으며 무엇에든지 정결(淨潔)하며

무엇에든지 사랑 받을 만하며 무엇에든지 칭찬 받을 만하며
무슨 덕이 있든지 무슨 기림이 있든지 이것들을 생각하라

[9]너희는 내게 배우고 받고 듣고 본 바를 행하라
그리하면 평강의 하나님이 너희와 함께 계시리라

빌립보 사람들의 선물
[10]내가 주 안에서 크게 기뻐함은
너희가 나를 생각하던 것이 이제 다시 싹이 남이니

너희가 또한 이를 위하여
생각은 하였으나 기회가 없었느니라

빌립보서
4:11-16

¹¹내가 궁핍하므로 말하는 것이 아니니라
어떠한 형편에든지 나는 자족하기를 배웠노니

¹²나는 비천에 처할 줄도 알고 풍부에 처할 줄도 알아
모든 일 곧 배부름과 배고픔과 풍부와 궁핍에도
처할 줄 아는 일체의 비결(秘訣)을 배웠노라

¹³내게 능력 주시는 자 안에서
내가 모든 것을 할 수 있느니라

¹⁴그러나 너희가 내 괴로움에 함께 참여하였으니 잘하였도다

¹⁵빌립보 사람들아 너희도 알거니와 복음의 시초(始初)에
내가 마게도냐를 떠날 때에 주고 받는
내 일에 참여한 교회가 너희 외에 아무도 없었느니라

¹⁶데살로니가에 있을 때에도 너희가 한 번뿐 아니라

두 번이나 나의 쓸 것을 보내었도다

¹⁷내가 선물을 구함이 아니요
오직 너희에게 유익하도록 풍성한 열매를 구함이라

¹⁸내게는 모든 것이 있고 또 풍부한지라
에바브로디도 편에 너희가 준 것을 받으므로 내가 풍족하니

이는 받으실 만한 향기로운 제물(祭物)이요
하나님을 기쁘시게 한 것이라

¹⁹나의 하나님이 그리스도 예수 안에서 영광 가운데
그 풍성한 대로 너희 모든 쓸 것을 채우시리라

²⁰하나님 곧 우리 아버지께
세세 무궁하도록 영광을 돌릴지어다 아멘

끝 인사

²¹그리스도 예수 안에 있는 성도에게 각각 문안하라
 나와 함께 있는 형제들이 너희에게 문안하고

²²모든 성도들이 너희에게 문안(問安)하되
 특히 가이사의 집 사람들 중 몇이니라

²³주 예수 그리스도의 은혜가 너희 심령에 있을지어다

God bless you~

개 역 개 정 · 신 약 성 경 쓰 기

8

골로새서

그리스도의 말씀이
너희 속에 풍성히 거하여
모든 지혜로 피차 가르치며 권면하고
시와 찬송과 신령한 노래를 부르며
감사하는 마음으로 하나님을 찬양하고
또 무엇을 하든지
말에나 일에나 다 주 예수의 이름으로 하고
그를 힘입어 하나님 아버지께 감사하라
_골 3:16,17_

레마북스
Rhema

인사

1 ¹하나님의 뜻으로 말미암아
그리스도 예수의 사도 된 바울과 형제 디모데는

²골로새에 있는 성도들 곧 그리스도 안에서
신실한 형제들에게 편지하노니 우리 아버지 하나님으로부터
은혜와 평강이 너희에게 있을지어다

하나님께 감사를 드리다

³우리가 너희를 위하여 기도할 때마다 하나님
곧 우리 주 예수 그리스도의 아버지께 감사하노라

⁴이는 그리스도 예수 안에 너희의 믿음과
모든 성도(聖徒)에 대한 사랑을 들었음이요

⁵너희를 위하여 하늘에 쌓아 둔 소망으로 말미암음이니

곧 너희가 전에 복음 진리의 말씀을 들은 것이라

⁶이 복음이 이미 너희에게 이르매 너희가 듣고
참으로 하나님의 은혜를 깨달은 날부터 너희 중에서와 같이
또한 온 천하에서도 열매를 맺어 자라는도다

⁷이와 같이 우리와 함께 종 된
사랑하는 에바브라에게 너희가 배웠나니
그는 너희를 위한 그리스도의 신실(信實)한 일꾼이요

⁸성령 안에서 너희 사랑을 우리에게 알린 자니라

하나님의 형상이시요 교회의 머리시라
⁹이로써 우리도 듣던 날부터 너희를 위하여
기도하기를 그치지 아니하고 구하노니
너희로 하여금 모든 신령한 지혜와 총명에

하나님의 뜻을 아는 것으로 채우게 하시고

¹⁰주께 합당하게 행하여 범사(凡事)에 기쁘시게 하고
모든 선한 일에 열매를 맺게 하시며
하나님을 아는 것에 자라게 하시고

¹¹그의 영광의 힘을 따라 모든 능력으로 능하게 하시며
기쁨으로 모든 견딤과 오래 참음에 이르게 하시고

¹²우리로 하여금 빛 가운데서
성도의 기업의 부분을 얻기에 합당하게 하신
아버지께 감사하게 하시기를 원하노라

¹³그가 우리를 흑암의 권세에서 건져내사
그의 사랑의 아들의 나라로 옮기셨으니

¹⁴그 아들 안에서 우리가 속량 곧 죄 사함을 얻었도다

¹⁵그는 보이지 아니하는 하나님의 형상이시요
모든 피조물보다 먼저 나신 이시니

¹⁶만물이 그에게서 창조되되
하늘과 땅에서 보이는 것들과 보이지 않는 것들과

혹은 왕권들이나 주권들이나 통치자들이나 권세들이나
만물이 다 그로 말미암고 그를 위하여 창조되었고

¹⁷또한 그가 만물보다 먼저 계시고
만물이 그 안에 함께 섰느니라

¹⁸그는 몸인 교회의 머리시라 그가 근본이시요
죽은 자들 가운데서 먼저 나신 이시니
이는 친히 만물의 으뜸이 되려 하심이요

¹⁹아버지께서는 모든 충만(充滿)으로 예수 안에 거하게 하시고

²⁰그의 십자가의 피로 화평을 이루사
만물 곧 땅에 있는 것들이나 하늘에 있는 것들이
그로 말미암아 자기와 화목하게 되기를 기뻐하심이라

²¹전에 악한 행실(行實)로 멀리 떠나
마음으로 원수가 되었던 너희를

²²이제는 그의 육체의 죽음으로 말미암아 화목하게 하사
너희를 거룩하고 흠 없고 책망(責望)할 것이 없는 자로
그 앞에 세우고자 하셨으니

²³만일 너희가 믿음에 거하고
터 위에 굳게 서서 너희 들은 바

복음의 소망에서 흔들리지 아니하면 그리하리라
이 복음은 천하 만민에게 전파된 바요

나 바울은 이 복음의 일꾼이 되었노라

교회를 위하여 바울이 하는 일
²⁴나는 이제 너희를 위하여 받는 괴로움을 기뻐하고
그리스도의 남은 고난을 그의 몸된 교회를 위하여
내 육체에 채우노라

²⁵내가 교회의 일꾼 된 것은
하나님이 너희를 위하여 내게 주신 직분을 따라
하나님의 말씀을 이루려 함이니라

²⁶이 비밀은 만세와 만대로부터 감추어졌던 것인데
이제는 그의 성도들에게 나타났고

²⁷하나님이 그들로 하여금 이 비밀의 영광이
이방인 가운데 얼마나 풍성한지를 알게 하려 하심이라

이 비밀은 너희 안에 계신 그리스도시니
곧 영광의 소망이니라

²⁸우리가 그를 전파하여 각 사람을 권하고
모든 지혜로 각 사람을 가르침은
각 사람을 그리스도 안에서 완전한 자로 세우려 함이니

²⁹이를 위하여 나도 내 속에서
능력으로 역사하시는 이의 역사를 따라
힘을 다하여 수고하노라

2 ¹내가 너희와 라오디게아에 있는 자들과
무릇 내 육신의 얼굴을 보지 못한 자들을 위하여
얼마나 힘쓰는지를 너희가 알기를 원하노니

²이는 그들로 마음에 위안을 받고 사랑 안에서 연합하여

97

확실한 이해의 모든 풍성함과
하나님의 비밀인 그리스도를 깨닫게 하려 함이니

³그 안에는 지혜와 지식의 모든 보화가 감추어져 있느니라

⁴내가 이것을 말함은 아무도 교묘한 말로
너희를 속이지 못하게 하려 함이니

⁵이는 내가 육신으로는 떠나 있으나
심령으로는 너희와 함께 있어

너희가 질서 있게 행함과 그리스도를 믿는 너희 믿음이
굳건한 것을 기쁘게 봄이라

그리스도 안에서 행하라
⁶그러므로 너희가 그리스도 예수를 주로 받았으니
그 안에서 행하되

7 그 안에 뿌리를 박으며 세움을 받아 교훈을 받은 대로
믿음에 굳게 서서 감사함을 넘치게 하라

8 누가 철학과 헛된 속임수로 너희를 사로잡을까 주의하라
이것은 사람의 전통과 세상의 초등학문을 따름이요
그리스도를 따름이 아니니라

9 그 안에는 신성의 모든 충만이 육체로 거하시고

10 너희도 그 안에서 충만하여졌으니
그는 모든 통치자(統治者)와 권세의 머리시라

11 또 그 안에서 너희가 손으로 하지 아니한 할례를 받았으니
곧 육(肉)의 몸을 벗는 것이요 그리스도의 할례니라

12 너희가 세례로 그리스도와 함께 장사되고
또 죽은 자들 가운데서 그를 일으키신 하나님의 역사를

믿음으로 말미암아 그 안에서 함께 일으키심을 받았느니라

¹³또 범죄와 육체의 무할례로 죽었던 너희를
하나님이 그와 함께 살리시고 우리의 모든 죄를 사하시고

¹⁴우리를 거스르고 불리하게 하는 법조문으로 쓴 증서를
지우시고 제하여 버리사 십자가에 못 박으시고

¹⁵통치자들과 권세들을 무력화하여 드러내어
구경거리로 삼으시고 십자가로 그들을 이기셨느니라

¹⁶그러므로 먹고 마시는 것과
절기나 초하루나 안식일을 이유로
누구든지 너희를 비판(批判)하지 못하게 하라

¹⁷이것들은 장래 일의 그림자이나 몸은 그리스도의 것이니라

¹⁸아무도 꾸며낸 겸손과 천사 숭배를 이유로

너희를 정죄하지 못하게 하라 그가 그 본 것에 의지하여
그 육신의 생각을 따라 헛되이 과장하고

[19]머리를 붙들지 아니하는지라 온 몸이 머리로 말미암아
마디와 힘줄로 공급(供給)함을 받고
연합하여 하나님이 자라게 하시므로 자라느니라

그리스도와 함께 하는 새 사람

[20]너희가 세상의 초등학문에서 그리스도와 함께 죽었거든
어찌하여 세상에 사는 것과 같이 규례에 순종하느냐

[21](곧 붙잡지도 말고 맛보지도 말고 만지지도 말라 하는 것이니

[22]이 모든 것은 한때 쓰이고는 없어지리라)
사람의 명령과 가르침을 따르느냐

[23]이런 것들은 자의적 숭배와 겸손과

몸을 괴롭게 하는 데는 지혜 있는 모양이나
오직 육체 따르는 것을 금하는 데는
조금도 유익이 없느니라

3 ¹그러므로 너희가 그리스도와 함께
다시 살리심을 받았으면 위의 것을 찾으라
거기는 그리스도께서 하나님 우편에 앉아 계시느니라

²위의 것을 생각하고 땅의 것을 생각하지 말라

³이는 너희가 죽었고 너희 생명이 그리스도와 함께
하나님 안에 감추어졌음이라

⁴우리 생명이신 그리스도께서 나타나실 그 때에
너희도 그와 함께 영광 중에 나타나리라

⁵그러므로 땅에 있는 지체를 죽이라

곧 음란과 부정과 사욕과 악한 정욕과 탐심이니
탐심은 우상 숭배니라

---

6 이것들로 말미암아 하나님의 진노가 임하느니라

---

7 너희도 전에 그 가운데 살 때에는 그 가운데서 행하였으나

---

8 이제는 너희가 이 모든 것을 벗어 버리라
곧 분함과 노여움과 악의와 비방과
너희 입의 부끄러운 말이라

---

9 너희가 서로 거짓말을 하지 말라
옛 사람과 그 행위(行爲)를 벗어 버리고

---

10 새 사람을 입었으니 이는 자기를 창조하신 이의
형상을 따라 지식에까지 새롭게 하심을 입은 자니라

---

11 거기에는 헬라인이나 유대인이나

할례파나 무할례파나 야만인이나 스구디아인이나
종이나 자유인(自由人)이 차별이 있을 수 없나니
오직 그리스도는 만유시요 만유 안에 계시니라

¹²그러므로 너희는 하나님이 택하사
거룩하고 사랑 받는 자처럼 긍휼과 자비와
겸손과 온유와 오래 참음을 옷 입고

¹³누가 누구에게 불만이 있거든 서로 용납하여 피차 용서하되
주께서 너희를 용서하신 것 같이 너희도 그리하고

¹⁴이 모든 것 위에 사랑을 더하라
이는 온전(穩全)하게 매는 띠니라

¹⁵그리스도의 평강이 너희 마음을 주장하게 하라
너희는 평강을 위하여 한 몸으로 부르심을 받았나니

너희는 또한 감사하는 자가 되라

¹⁶그리스도의 말씀이 너희 속에 풍성히 거하여
모든 지혜로 피차 가르치며 권면하고

시와 찬송(讚頌)과 신령한 노래를 부르며
감사하는 마음으로 하나님을 찬양하고

¹⁷또 무엇을 하든지 말에나 일에나
다 주 예수의 이름으로 하고
그를 힘입어 하나님 아버지께 감사하라

주께 하듯 하라
¹⁸아내들아 남편에게 복종하라 이는 주 안에서 마땅하니라

¹⁹남편들아 아내를 사랑하며 괴롭게 하지 말라

²⁰자녀들아 모든 일에 부모에게 순종하라

이는 주 안에서 기쁘게 하는 것이니라

²¹아비들아 너희 자녀를 노엽게 하지 말지니 낙심할까 함이라

²²종들아 모든 일에 육신의 상전들에게 순종하되
사람을 기쁘게 하는 자와 같이 눈가림만 하지 말고
오직 주를 두려워하여 성실한 마음으로 하라

²³무슨 일을 하든지 마음을 다하여
주께 하듯 하고 사람에게 하듯 하지 말라

²⁴이는 기업의 상을 주께 받을 줄 아나니
너희는 주 그리스도를 섬기느니라

²⁵불의를 행하는 자는 불의의 보응을 받으리니
주는 사람을 외모로 취하심이 없느니라

4 ¹상전들아 의와 공평을 종들에게 베풀지니

너희에게도 하늘에 상전이 계심을 알지어다

권면

[2]기도를 계속하고 기도에 감사함으로 깨어 있으라

[3]또한 우리를 위하여 기도하되
하나님이 전도할 문을 우리에게 열어 주사

그리스도의 비밀을 말하게 하시기를 구하라
내가 이 일 때문에 매임을 당하였노라

[4]그리하면 내가 마땅히 할 말로써 이 비밀을 나타내리라

[5]외인에게 대해서는 지혜로 행하여 세월을 아끼라

[6]너희 말을 항상 은혜 가운데서
소금으로 맛을 냄과 같이 하라 그리하면
각 사람에게 마땅히 대답할 것을 알리라

끝 인사

⁷두기고가 내 사정(私情)을 다 너희에게 알려 주리니
그는 사랑 받는 형제요 신실한 일꾼이요
주 안에서 함께 종이 된 자니라

---

⁸내가 그를 특별히 너희에게 보내는 것은
너희로 우리 사정을 알게 하고
너희 마음을 위로하게 하려 함이라

---

⁹신실하고 사랑을 받는 형제 오네시모를 함께 보내노니
그는 너희에게서 온 사람이라
그들이 여기 일을 다 너희에게 알려 주리라

---

¹⁰나와 함께 갇힌 아리스다고와 바나바의 생질(甥姪) 마가와
(이 마가에 대하여 너희가 명을 받았으매

그가 이르거든 영접하라)

11 유스도라 하는 예수도 너희에게 문안하느니라
그들은 할례파이나 이들만은 하나님의 나라를 위하여

함께 역사하는 자들이니
이런 사람들이 나의 위로가 되었느니라

12 그리스도 예수의 종인 너희에게서 온 에바브라가
너희에게 문안하느니라

그가 항상 너희를 위하여 애써 기도하여
너희로 하나님의 모든 뜻 가운데서
완전하고 확신 있게 서기를 구하나니

13 그가 너희와 라오디게아에 있는 자들과
히에라볼리에 있는 자들을 위하여

많이 수고하는 것을 내가 증언하노라

¹⁴사랑을 받는 의사(醫師) 누가와
또 데마가 너희에게 문안하느니라

¹⁵라오디게아에 있는 형제들과 눔바와
그 여자의 집에 있는 교회에 문안하고

¹⁶이 편지를 너희에게서 읽은 후에
라오디게아인의 교회에서도 읽게 하고
또 라오디게아로부터 오는 편지를 너희도 읽으라

¹⁷아킵보에게 이르기를
주 안에서 받은 직분(職分)을 삼가 이루라고 하라

¹⁸나 바울은 친필로 문안하노니 내가 매인 것을 생각하라
은혜가 너희에게 있을지어다

God bless you~

개역개정 · 신약성경쓰기

8

데살로니가전서

항상 기뻐하라
쉬지 말고 기도하라
범사에 감사하라
이것이
그리스도 예수 안에서
너희를 향하신 하나님의
뜻이니라
_살전 5:16~18_

레마북스
Rhema북스

인사

1

¹바울과 실루아노와 디모데는
하나님 아버지와 주 예수 그리스도 안에 있는

데살로니가인의 교회에 편지하노니
은혜와 평강이 너희에게 있을지어다

데살로니가 교인들의 믿음의 본

²우리가 너희 모두로 말미암아 항상 하나님께 감사하며
기도할 때에 너희를 기억함은

³너희의 믿음의 역사와 사랑의 수고와
우리 주 예수 그리스도에 대한 소망의 인내를
우리 하나님 아버지 앞에서 끊임없이 기억함이니

⁴하나님의 사랑하심을 받은 형제들아 너희를 택하심을 아노라

⁵이는 우리 복음이 너희에게 말로만 이른 것이 아니라
또한 능력과 성령과 큰 확신으로 된 것임이라

우리가 너희 가운데서 너희를 위하여
어떤 사람이 된 것은 너희가 아는 바와 같으니라

⁶또 너희는 많은 환난 가운데서
성령의 기쁨으로 말씀을 받아
우리와 주를 본받은 자가 되었으니

⁷그러므로 너희가 마게도냐와 아가야에 있는
모든 믿는 자의 본(本)이 되었느니라

⁸주의 말씀이 너희에게로부터 마게도냐와 아가야에만
들릴 뿐 아니라 하나님을 향하는 너희 믿음의 소문이
각처(各處)에 퍼졌으므로

우리는 아무 말도 할 것이 없노라

⁹그들이 우리에 대하여 스스로 말하기를
우리가 어떻게 너희 가운데에 들어갔는지와

너희가 어떻게 우상을 버리고 하나님께로 돌아와서
살아 계시고 참되신 하나님을 섬기는지와

¹⁰또 죽은 자들 가운데서 다시 살리신 그의 아들이
하늘로부터 강림하실 것을

너희가 어떻게 기다리는지를 말하니
이는 장래의 노하심에서 우리를 건지시는 예수시니라

데살로니가에서 벌인 바울의 사역

2 ¹형제들아 우리가 너희 가운데 들어간 것이
헛되지 않은 줄을 너희가 친히 아나니

²너희가 아는 바와 같이 우리가 먼저
빌립보에서 고난과 능욕을 당하였으나

우리 하나님을 힘입어 많은 싸움 중에
하나님의 복음을 너희에게 전하였노라

³우리의 권면은 간사(奸詐)함이나 부정에서 난 것이 아니요
속임수로 하는 것도 아니라

⁴오직 하나님께 옳게 여기심을 입어
복음을 위탁 받았으니 우리가 이와 같이 말함은
사람을 기쁘게 하려 함이 아니요

오직 우리 마음을 감찰하시는
하나님을 기쁘시게 하려 함이라

⁵너희도 알거니와 우리가 아무 때에도

아첨하는 말이나 탐심(貪心)의 탈을 쓰지 아니한 것을
하나님이 증언하시느니라

6또한 우리는 너희에게서든지 다른 이에게서든지
사람에게서는 영광을 구하지 아니하였노라

7우리는 그리스도의 사도로서
마땅히 권위를 주장할 수 있으나

도리어 너희 가운데서 유순한 자가 되어
유모가 자기 자녀를 기름과 같이 하였으니

8우리가 이같이 너희를 사모하여 하나님의 복음뿐 아니라
우리의 목숨까지도 너희에게 주기를 기뻐함은
너희가 우리의 사랑하는 자 됨이라

9형제들아 우리의 수고(受苦)와 애쓴 것을 너희가 기억하리니

너희 아무에게도 폐를 끼치지 아니하려고
밤낮으로 일하면서 너희에게 하나님의 복음을 전하였노라

10우리가 너희 믿는 자들을 향하여
어떻게 거룩하고 옳고 흠(欠) 없이 행하였는지에 대하여
너희가 증인이요 하나님도 그러하시도다

11너희도 아는 바와 같이 우리가 너희 각 사람에게 아버지가
자기 자녀에게 하듯 권면(勸勉)하고 위로하고 경계하노니

12이는 너희를 부르사 자기 나라와 영광에 이르게 하시는
하나님께 합당히 행하게 하려 함이라

13이러므로 우리가 하나님께 끊임없이 감사함은
너희가 우리에게 들은 바 하나님의 말씀을 받을 때에
사람의 말로 받지 아니하고 하나님의 말씀으로 받음이니

진실로 그러하도다 이 말씀이 또한
너희 믿는 자 가운데에서 역사하느니라

[14]형제들아 너희가 그리스도 예수 안에서
유대에 있는 하나님의 교회들을 본받은 자 되었으니

그들이 유대인들에게 고난을 받음과 같이
너희도 너희 동족에게서 동일한 고난을 받았느니라

[15]유대인은 주 예수와 선지자들을 죽이고
우리를 쫓아내고 하나님을 기쁘시게 하지 아니하고
모든 사람에게 대적이 되어

[16]우리가 이방인에게 말하여 구원받게 함을
그들이 금하여 자기 죄를 항상 채우매
노하심이 끝까지 그들에게 임하였느니라

바울이 데살로니가에 다시 가기를 원하다

¹⁷형제들아 우리가 잠시 너희를 떠난 것은 얼굴이요
마음은 아니니 너희 얼굴 보기를 열정으로 더욱 힘썼노라

¹⁸그러므로 나 바울은 한번 두번 너희에게 가고자 하였으나
사탄이 우리를 막았도다

¹⁹우리의 소망이나 기쁨이나 자랑의 면류관이 무엇이냐
그가 강림하실 때 우리 주 예수 앞에 너희가 아니냐

²⁰너희는 우리의 영광이요 기쁨이니라

3 ¹이러므로 우리가 참다 못하여
우리만 아덴에 머물기를 좋게 생각하고

²우리 형제 곧 그리스도의 복음을 전하는
하나님의 일꾼인 디모데를 보내노니

이는 너희를 굳건하게 하고
너희 믿음에 대하여 위로함으로

³아무도 이 여러 환난 중에 흔들리지 않게 하려 함이라
우리가 이것을 위하여 세움 받은 줄을 너희가 친히 알리라

⁴우리가 너희와 함께 있을 때에
장차 받을 환난(患難)을 너희에게 미리 말하였는데
과연 그렇게 된 것을 너희가 아느니라

⁵이러므로 나도 참다 못하여
너희 믿음을 알기 위하여 그를 보내었노니

이는 혹 시험하는 자가 너희를 시험하여
우리 수고를 헛되게 할까 함이니

⁶지금은 디모데가 너희에게로부터 와서

너희 믿음과 사랑의 기쁜 소식을 우리에게 전하고
또 너희가 항상 우리를 잘 생각하여

우리가 너희를 간절히 보고자 함과 같이
너희도 우리를 간절히 보고자 한다 하니

7이러므로 형제들아 우리가 모든 궁핍과 환난 가운데서
너희 믿음으로 말미암아 너희에게 위로를 받았노라

8그러므로 너희가 주 안에 굳게 선즉 우리가 이제는 살리라

9우리가 우리 하나님 앞에서 너희로 말미암아
모든 기쁨으로 기뻐하니 너희를 위하여
능히 어떠한 감사로 하나님께 보답할까

10주야로 심히 간구함은 너희 얼굴을 보고
너희 믿음이 부족한 것을 보충하게 하려 함이라

¹¹하나님 우리 아버지와 우리 주 예수는
우리 길을 너희에게로 갈 수 있게 하시오며

¹²또 주께서 우리가 너희를 사랑함과 같이
너희도 피차간(彼此間)과 모든 사람에 대한 사랑이
더욱 많아 넘치게 하사

¹³너희 마음을 굳건하게 하시고 우리 주 예수께서
그의 모든 성도와 함께 강림하실 때에

하나님 우리 아버지 앞에서
거룩함에 흠이 없게 하시기를 원하노라

하나님을 기쁘시게 하는 생활

4 ¹그러므로 형제들아 우리가 끝으로 주 예수 안에서
너희에게 구하고 권면하노니

너희가 마땅히 어떻게 행하며
하나님을 기쁘시게 할 수 있는지를 우리에게 배웠으니
곧 너희가 행하는 바라 더욱 많이 힘쓰라

2우리가 주 예수로 말미암아
너희에게 무슨 명령으로 준 것을 너희가 아느니라

3하나님의 뜻은 이것이니 너희의 거룩함이라
곧 음란을 버리고

4각각 거룩함과 존귀함으로 자기의 아내 대할 줄을 알고

5하나님을 모르는 이방인과 같이 색욕을 따르지 말고

6이 일에 분수를 넘어서 형제를 해하지 말라
이는 우리가 너희에게 미리 말하고 증언한 것과 같이
이 모든 일에 주께서 신원하여 주심이라

⁷하나님이 우리를 부르심은 부정하게 하심이 아니요
거룩하게 하심이니

⁸그러므로 저버리는 자는 사람을 저버림이 아니요
너희에게 그의 성령을 주신 하나님을 저버림이니라

⁹형제 사랑에 관하여는 너희에게 쓸 것이 없음은
너희들 자신이 하나님의 가르치심을 받아 서로 사랑함이라

¹⁰너희가 온 마게도냐 모든 형제에 대하여
과연 이것을 행하도다 형제들아 권하노니
더욱 그렇게 행하고

¹¹또 너희에게 명한 것 같이 조용히 자기 일을 하고
너희 손으로 일하기를 힘쓰라

¹²이는 외인에 대하여 단정히 행하고

또한 아무 궁핍함이 없게 하려 함이라

주의 강림과 죽은 자들의 부활

¹³형제들아 자는 자들에 관하여는
너희가 알지 못함을 우리가 원하지 아니하노니

이는 소망 없는 다른 이와 같이
슬퍼하지 않게 하려 함이라

---

¹⁴우리가 예수께서 죽으셨다가 다시 살아나심을 믿을진대
이와 같이 예수 안에서 자는 자들도
하나님이 그와 함께 데리고 오시리라

---

¹⁵우리가 주의 말씀으로 너희에게 이것을 말하노니
주께서 강림하실 때까지 우리 살아 남아 있는 자도
자는 자보다 결코 앞서지 못하리라

16주께서 호령과 천사장의 소리와
하나님의 나팔 소리로 친히 하늘로부터 강림하시리니
그리스도 안에서 죽은 자들이 먼저 일어나고

17그 후에 우리 살아 남은 자들도
그들과 함께 구름 속으로 끌어 올려

공중에서 주를 영접하게 하시리니
그리하여 우리가 항상 주와 함께 있으리라

18그러므로 이러한 말로 서로 위로하라

5 1형제들아 때와 시기에 관하여는
너희에게 쓸 것이 없음은

2주의 날이 밤에 도둑 같이 이를 줄을
너희 자신이 자세히 알기 때문이라

³그들이 평안하다, 안전하다 할 그 때에
임신한 여자에게 해산의 고통이 이름과 같이
멸망이 갑자기 그들에게 이르리니 결코 피하지 못하리라

⁴형제들아 너희는 어둠에 있지 아니하매
그 날이 도둑 같이 너희에게 임하지 못하리니

⁵너희는 다 빛의 아들이요 낮의 아들이라
우리가 밤이나 어둠에 속하지 아니하나니

⁶그러므로 우리는 다른 이들과 같이 자지 말고
오직 깨어 정신(精神)을 차릴지라

⁷자는 자들은 밤에 자고 취하는 자들은 밤에 취하되

⁸우리는 낮에 속하였으니 정신을 차리고
믿음과 사랑의 호심경을 붙이고 구원의 소망의 투구를 쓰자

⁹하나님이 우리를 세우심은 노하심에 이르게 하심이 아니요
오직 우리 주 예수 그리스도로 말미암아
구원(救援)을 받게 하심이라

¹⁰예수께서 우리를 위하여 죽으사 우리로 하여금
깨어 있든지 자든지 자기와 함께 살게 하려 하셨느니라

¹¹그러므로 피차 권면하고 서로 덕을 세우기를
너희가 하는 것 같이 하라

권면과 끝 인사

¹²형제들아 우리가 너희에게 구하노니 너희 가운데서 수고하고
주 안에서 너희를 다스리며 권하는 자들을 너희가 알고

¹³그들의 역사로 말미암아 사랑 안에서
가장 귀히 여기며 너희끼리 화목(和睦)하라

¹⁴또 형제들아 너희를 권면하노니
게으른 자들을 권계하며 마음이 약한 자들을 격려하고
힘이 없는 자들을 붙들어 주며 모든 사람에게 오래 참으라

---

¹⁵삼가 누가 누구에게든지 악으로 악을 갚지 말게 하고
서로 대하든지 모든 사람을 대하든지 항상 선(善)을 따르라

---

¹⁶항상 기뻐하라

---

¹⁷쉬지 말고 기도하라

---

¹⁸범사에 감사하라 이것이 그리스도 예수 안에서
너희를 향하신 하나님의 뜻이니라

---

¹⁹성령을 소멸하지 말며

---

²⁰예언(豫言)을 멸시하지 말고

---

²¹범사에 헤아려 좋은 것을 취하고

---

²²악은 어떤 모양이라도 버리라

²³평강의 하나님이 친히 너희를 온전히 거룩하게 하시고
또 너희의 온 영과 혼과 몸이

우리 주 예수 그리스도께서 강림하실 때에
흠 없게 보전되기를 원하노라

²⁴너희를 부르시는 이는 미쁘시니 그가 또한 이루시리라

²⁵형제들아 우리를 위하여 기도하라

²⁶거룩하게 입맞춤으로 모든 형제에게 문안하라

²⁷내가 주를 힘입어 너희를 명하노니
모든 형제에게 이 편지를 읽어 주라

²⁸우리 주 예수 그리스도의 은혜가 너희에게 있을지어다

God bless you~

데살로니가후서

주는 미쁘사
너희를 굳건하게 하시려고
악한 자에게서 지키시리라
_살후 3:3_

레마북스
Rhema북스

인사

1

¹바울과 실루아노와 디모데는
하나님 우리 아버지와 주 예수 그리스도 안에 있는
데살로니가인의 교회에 편지하노니

²하나님 아버지와 주 예수 그리스도로부터
은혜와 평강이 너희에게 있을지어다

하나님의 공의로운 심판의 표

³형제들아 우리가 너희를 위하여 항상 하나님께 감사할지니
이것이 당연함은 너희의 믿음이 더욱 자라고
너희가 다 각기 서로 사랑함이 풍성함이니

⁴그러므로 너희가 견디고 있는 모든 박해와 환난 중에서
너희 인내(忍耐)와 믿음으로 말미암아

하나님의 여러 교회에서 우리가 친히 자랑하노라

5 이는 하나님의 공의(公義)로운 심판의 표요
너희로 하여금 하나님의 나라에

합당한 자로 여김을 받게 하려 함이니
그 나라를 위하여 너희가 또한 고난을 받느니라

6 너희로 환난을 받게 하는 자들에게는 환난으로 갚으시고

7 환난을 받는 너희에게는 우리와 함께
안식(安息)으로 갚으시는 것이 하나님의 공의시니

주 예수께서 자기의 능력의 천사들과 함께
하늘로부터 불꽃 가운데에 나타나실 때에

8 하나님을 모르는 자들과 우리 주 예수의 복음에
복종하지 않는 자들에게 형벌을 내리시리니

⁹이런 자들은 주의 얼굴과 그의 힘의 영광을 떠나
영원한 멸망의 형벌을 받으리로다

¹⁰그 날에 그가 강림하사
그의 성도들에게서 영광을 받으시고

모든 믿는 자들에게서 놀랍게 여김을 얻으시리니
이는 (우리의 증거가 너희에게 믿어졌음이라)

¹¹이러므로 우리도 항상 너희를 위하여 기도함은
우리 하나님이 너희를 그 부르심에 합당한 자로 여기시고
모든 선을 기뻐함과 믿음의 역사를 능력으로 이루게 하시고

¹²우리 하나님과 주 예수 그리스도의 은혜대로
우리 주 예수의 이름이 너희 가운데서 영광을 받으시고
너희도 그 안에서 영광을 받게 하려 함이라

멸망하는 자들

2 ¹형제들아 우리가 너희에게 구하는 것은
우리 주 예수 그리스도의 강림하심과
우리가 그 앞에 모임에 관하여

²영으로나 또는 말로나
또는 우리에게서 받았다 하는 편지로나

주의 날이 이르렀다고 해서 쉽게 마음이 흔들리거나
두려워하거나 하지 말아야 한다는 것이라

³누가 어떻게 하여도 너희가 미혹되지 말라
먼저 배교하는 일이 있고

저 불법의 사람 곧 멸망의 아들이 나타나기 전에는
그 날이 이르지 아니하리니

4그는 대적하는 자라 신이라고 불리는 모든 것과
숭배함을 받는 것에 대항하여

그 위에 자기를 높이고 하나님의 성전에 앉아
자기를 하나님이라고 내세우느니라

5내가 너희와 함께 있을 때에
이 일을 너희에게 말한 것을 기억하지 못하느냐

6너희는 지금 그로 하여금 그의 때에 나타나게 하려 하여
막는 것이 있는 것을 아나니

7불법의 비밀이 이미 활동하였으나
지금은 그것을 막는 자가 있어
그 중에서 옮겨질 때까지 하리라

8그 때에 불법한 자가 나타나리니

주 예수께서 그 입의 기운으로 그를 죽이시고
강림하여 나타나심으로 폐하시리라

⁹악한 자의 나타남은 사탄의 활동을 따라
모든 능력과 표적과 거짓 기적과

¹⁰불의(不義)의 모든 속임으로 멸망하는 자들에게 있으리니
이는 그들이 진리의 사랑을 받지 아니하여
구원함을 받지 못함이라

¹¹이러므로 하나님이 미혹(迷惑)의 역사를 그들에게 보내사
거짓 것을 믿게 하심은

¹²진리를 믿지 않고 불의를 좋아하는 모든 자들로 하여금
심판을 받게 하려 하심이라

가르침을 받은 전통을 지키라

¹³주께서 사랑하시는 형제들아
우리가 항상 너희에 관하여 마땅히 하나님께 감사할 것은

하나님이 처음부터 너희를 택하사
성령의 거룩하게 하심과
진리를 믿음으로 구원을 받게 하심이니

¹⁴이를 위하여 우리의 복음으로 너희를 부르사
우리 주 예수 그리스도의 영광을 얻게 하려 하심이니라

¹⁵그러므로 형제들아 굳건하게 서서
말로나 우리의 편지로 가르침을 받은 전통을 지키라

¹⁶우리 주 예수 그리스도와
우리를 사랑하시고 영원한 위로와 좋은 소망(所望)을
은혜(恩惠)로 주신 하나님 우리 아버지께서

¹⁷너희 마음을 위로하시고
모든 선한 일과 말에 굳건하게 하시기를 원하노라

우리를 위하여 기도하라

3

¹끝으로 형제들아
너희는 우리를 위하여 기도하기를

주의 말씀이 너희 가운데서와 같이
퍼져 나가 영광스럽게 되고

²또한 우리를 부당하고
악한 사람들에게서 건지시옵소서 하라
믿음은 모든 사람의 것이 아니니라

³주는 미쁘사 너희를 굳건하게 하시고
악한 자에게서 지키시리라

⁴너희에 대하여는 우리가 명한 것을 너희가 행하고
또 행할 줄을 우리가 주 안에서 확신하노니

⁵주께서 너희 마음을 인도하여
하나님의 사랑과 그리스도의 인내에
들어가게 하시기를 원하노라

게으름을 경계하다

⁶형제들아 우리 주 예수 그리스도의 이름으로
너희를 명하노니 게으르게 행하고

우리에게서 받은 전통대로 행하지 아니하는
모든 형제에게서 떠나라

⁷어떻게 우리를 본받아야 할지를
너희가 스스로 아나니 우리가 너희 가운데서

무질서(無秩序)하게 행하지 아니하며

8 누구에게서든지 음식을 값없이 먹지 않고
오직 수고하고 애써 주야(晝夜)로 일함은
너희 아무에게도 폐를 끼치지 아니하려 함이니

9 우리에게 권리가 없는 것이 아니요
오직 스스로 너희에게 본을 보여
우리를 본받게 하려 함이니라

10 우리가 너희와 함께 있을 때에도
너희에게 명하기를 누구든지 일하기 싫어하거든
먹지도 말게 하라 하였더니

11 우리가 들은즉 너희 가운데
게으르게 행하여 도무지 일하지 아니하고

일을 만들기만 하는 자들이 있다 하니

¹²이런 자들에게 우리가 명하고
주 예수 그리스도 안에서 권하기를
조용히 일하여 자기 양식을 먹으라 하노라

¹³형제들아 너희는 선을 행하다가 낙심하지 말라

¹⁴누가 이 편지에 한 우리 말을 순종하지 아니하거든
그 사람을 지목(指目)하여 사귀지 말고
그로 하여금 부끄럽게 하라

¹⁵그러나 원수와 같이 생각하지 말고 형제 같이 권면하라

축복

¹⁶평강의 주께서 친히 때마다 일마다
너희에게 평강을 주시고

주께서 너희 모든 사람과 함께 하시기를 원하노라

¹⁷나 바울은 친필(親筆)로 문안하노니
이는 편지마다 표시로서 이렇게 쓰노라

¹⁸우리 주 예수 그리스도의 은혜가
너희 무리에게 있을지어다

God bless you~

쉼休

쉼休

개역개정·신약성경쓰기

갈라디아서

에베소서 | 빌립보서 | 골로새서
데살로니가전서 | 데살로니가후서

초판 1쇄 발행 | 2016년 8월 31일
초판 2쇄 발행 | 2020년 10월 8일

엮은이 | 김영기, 김영숙
디자인 | 신경애
펴낸곳 | 도서출판 레마북스
출판등록 | 2015년 4월 28일(제568-2015-000002호)
주소 | 충남 당진시 송산면 유곡로 20
전화 | 010.5456.9277(출판사) 010.5424.7706(엮은이)
전자우편 | starlove73@naver.com
총판 | 하늘유통(031.947.7777)

값 9,000원
ISBN 979-11-955381-8-8 03230

○ 이 책에 사용된 글꼴은
세종대왕기념사업회에서 개발한 문화바탕체입니다.

이 도서의 국립중앙도서관 출판예정도서목록(CIP)은 서지정보유통지원시스템 홈페이지(http://seoji.nl.go.kr)와 국가
자료공동목록시스템(http://www.nl.go.kr/kolisnet)에서 이용하실 수 있습니다.(CIP제어번호: CIP2016019346)